别笑！我是哲学家

道兰 —— 著

北京联合出版公司
Beijing United Publishing Co.,Ltd.

图书在版编目（CIP）数据

别笑！我是哲学家 / 道兰著 . -- 北京：北京联合
出版公司 , 2025.8. -- ISBN 978-7-5596-8515-5

Ⅰ . B-49

中国国家版本馆 CIP 数据核字第 2025FU1424 号

别笑！我是哲学家

项目策划：斯坦威图书
作　　者：道　兰
出 品 人：赵红仕
总 策 划：李佳铌
策划编辑：韩依格
责任编辑：李艳芬
封面设计：WONDERLAND Book design
　　　　　仙境 QQ:344581934
内文排版：夏晓燕

北京联合出版公司出版
（北京市西城区德外大街 83 号楼 9 层　　100088）
天津中印联印务有限公司印刷　新华书店经销
字数 145 千字　880 毫米 ×1230 毫米　1/32　7 印张
2025 年 8 月第 1 版　2025 年 8 月第 1 次印刷
ISBN 978-7-5596-8515-5
定价：52.00 元

前　言

一直以来，哲学都像是神庙上的神谕，被人们视为既神圣又晦涩深奥的学问，以至于连哲学家都被人们供奉在高高的神龛之上，成为人们敬而远之的一个群体。然而，哲学家绝不是"思想艰深""性格古怪""行为诡异"和"脱离世俗"这些词的结合体，这些词描绘的只是哲学家的一个个侧影，远远不是全貌。事实上，哲学家和我们每个人一样，生活在现实的世界里。曾经看过一些关于趣味哲学的书，在那些著作中，深奥的哲学理论蕴含于一个又一个的小故事中，读者可以在轻松愉快的氛围中了解哲理、体味哲学。此外，这些著作还能让读者相信哲学不应该被束缚在神庙里，成为少数人和众神飨食的祭品；相信哲学蕴藏于生活的各个角落，人人都可以学哲学。受到这些著作的启发，我也希望能够在这本书中还原哲学家们真实的面貌，而不是他们的侧影。

哲学家是一群可爱的人，他们的可爱是不应该被他们严谨的治学态度和艰深的思想所掩盖的。维特根斯坦是一个标准的哲学家，他聪明绝顶，却又认真踏实、一丝不苟，生活上清心寡欲，拒绝继承巨额财产，过着准修道士的禁欲生活。从某种意义上说，他的生活是人们想象中的哲学家式的枯燥生活。但是，我们在他的生活中仍然可以看见许多闪闪发光的趣事。维特根斯坦阅读完罗素的著作后，对哲学产生了浓厚的兴趣，于是就跑去问罗素自己是不是一个天才。如果是，他就研究哲学，做一个哲学家；如果不是，他就回去开飞艇。还有一次，他和病重的摩尔讨论问题远远超过了规定的探病时间，摩尔的夫人指责他妨碍摩尔休息，他却说，谈论哲学问题是摩尔的兴趣所在，如果真的在谈论问题的过程中，摩尔因为过于激动而死去，那就让摩尔死好了，因为那样就是死得其所。一个人应该用他毕生的精力去从事自己热爱的事，而不应该为了延长生命而放弃自己的追求。在众多哲学家中，这样可爱的事例不胜枚举。他们或是因为自己的机智，或是因为自己的痴迷，或是因为自己的单纯，在日常生活中做出一些让我们觉得可笑却又可敬的行为。

哲学家也是一群浪漫的人，在理性的天空放牧着白云般的绵羊。诚然，哲学家的队伍中有很多像康德、阿奎纳这样老学究式的人物，但也不缺乏卢梭、罗素这样的浪漫主义者，他们具有诗人般的气质。他们追求爱情，追求自由，热爱生活，热爱真理。罗素曾说，对爱情的渴慕、对知识的追求和对人类苦难的无与伦比的同情，这三种情感极其强烈地支配着他的一生。这三种情感是罗素一生的真实写照，也是大部分哲学家的生活写照。

当然，哲学家出于他们的性格、他们的人生经历和研究的领域，也会做出一些糟糕的行为，在常人看来是匪夷所思的。像毕达哥拉斯阻止人们鞭打一条幼狗，说它体内寄托着他一位朋友的灵魂；而尼采则抱着马脖子一边痛哭，一边说"我可怜的兄弟啊"。

黑格尔曾说，对于同一条宗教格言，从一个老人和一个小孩说出来，其意义是不一样的。因为对于这个老人来说，这条格言包含了他全部生活的意义；而对于这个小孩来说，或许他能够理解格言的意思，但是格言只是格言，里面没有生活。对于哲学家来说，他们的生活就是他们的哲学，他们的哲学就是他们的生活，我们可以不理解，但我们必须宽容。除了糟糕的行为外，哲学家也会犯下一些错误，就像亚里士多德曾经断言 10 磅重的铁球下落速度是 1 磅铁球的 10 倍。或许正如海德格尔所说，思想伟大的人，犯的错误也大。

哲学家是一群爱思辨的家伙，他们有自己可爱的一面，有自己的浪漫情怀，有自己的搞笑天分，他们都是有血有肉的人。我们接触他们的逸闻趣事，就是接触他们的生活，而我们了解他们的生活，就是了解他们的哲学。我们的目的不是抬高哲学家在神龛里的位置，也绝不是要把他们从神龛里拽出来。我们希望通过收集、整理哲学家们的一些哲理故事、生活趣事，向读者们展现一个个丰满的、全面的哲学家形象，引导读者了解哲学家的生活，了解他们的哲学，以更宽容、更谨慎的思辨心态去看待哲学。笛卡尔说："最伟大的人有最高尚的美德，同时也能做最糟糕的事。"那些试图从哲学中寻找人生智慧的人应该小心，尽管哲学能够启迪你的智慧，但是不要迷恋哲学家月光下的侧影，小心迷失了回家的路。那些爱思辨的家伙的另外半张脸，你看见了吗？

目 录

福柯：追求欲望的后现代大师

泰勒斯：西方哲学的开山鼻祖

水是最好的。

——泰勒斯

泰勒斯（约前 624—约前 547），小亚细亚米利都（今属土耳其）人，古希腊"七贤"之首，传说为古希腊第一个哲学家，黑格尔称哲学是从泰勒斯的命题开始的。他是米利都学派的创始人，主张以唯物主义的观点来看世界，在天文学、数学、气象学等方面都有贡献。

其主要哲学观点：万物是由水而生成，又复归于水。

哲学≠贫穷

一天晚上，泰勒斯到野外观察星空。他一边走，一边仰望天空，突然间"扑通"一声，摔进了一个大水坑，真是狼狈至极。原来，他的注意力完全集中在哲学思考上，没有注意脚下的路。幸好水坑里的水不是很深，可是他却没有办法爬上来。

"救命啊，救命啊！"泰勒斯只好高声呼救。

过了一会儿，有人路过，把他从水坑里拉了上来。

"明天要下雨！"泰勒斯一边抖动衣服，一边神神秘秘地对帮助他的人说，仿佛是为了报答那个人的救命之恩才告诉他这个消息的。

"我不需要你告诉我这个消息，以后你还是多看看脚下的路吧。"那个人不以为意地说。

在回家的路上，那个人把泰勒斯的预言告诉了城邦里的其他人，大家都觉得很好笑，认为泰勒斯是个十足的傻子。没想到第二天果然下起了雨，人们不禁对泰勒斯能够预知天气感到很惊讶。

黑格尔评论这个故事道："只有那些永远躺在坑里，从不仰望天空的人，才永远也不会掉进坑里。"

据说，后来泰勒斯又成功地预言了日蚀现象。于是，人们觉得他"上知天文，下知地理"，就把他看作圣人。

可是，由于泰勒斯把时间和金钱都用来研究学问，既不做官，也不经商，人们认为他不务正业，对他议论纷纷。有一天，一个开榨油坊的富人在大街上和他不期而遇。那富人不怀好意地对泰勒斯说："泰勒斯啊，你虽然知道天上的事情，可是却看不见脚下的水坑。你虽然被称为最聪明的人，可是却一贫如洗。可见你的哲学是一点用处都没有的！"

为了向人们证明知识对人类生活有着重要的作用，泰勒斯决定找个机会教训教训那些嘲笑知识的人，他在一首诗中写道：

多说话并不代表有才智，

去找一件唯一智慧的东西吧，

去选择一件唯一美好的东西吧，

这样你就会钳住许多饶舌汉的嘴。

…………

这一年冬天，泰勒斯在观察天象时发现，来年气候特别有利于橄榄的生长，于是，他拿出了全部的积蓄，租用了米利都和丘斯两个城邦所有闲置的橄榄榨油机。由于当时正值冬季，且橄榄已经连续几年都歉收，好多榨油坊都是闲置的，所以泰勒斯以很低的租金就搞定了这件事。当然，泰勒斯也租用了那个看不起他的富人的榨油机。

到了第二年，橄榄果然大丰收了。这两座城邦所有榨油坊的老板都想到了泰勒斯。于是，泰勒斯根据价值规律抬高了他租来的榨油机使用权的租金。由此，他大赚了一笔。

去年泰勒斯向那个富人租用榨油机时，对方还暗中嘲笑泰勒斯是个傻瓜，可是现在他也不得不求助于泰勒斯。泰勒斯当然毫不留情地向他索要了最高的租金，这个富人没有别的办法，只得忍痛接受了泰勒斯苛刻的租借条件。后来亚里士多德在评价这个故事时说："只要哲学家们愿意，就很容易发财致富，但是他们的雄心却是属于另外一种。"

水是万物的始基

"本原"是宇宙论的核心概念，也可以说是第一个哲学概念。本原主要有两方面的含义："开端"和"主宰"。泰勒斯把单一的实体"水"假定为宇宙构成的本原物质。不难理解他为什么认为水为宇宙基本构成成分，因为水有三种存在形态：液态、固态和气态。他认为，尽管物体聚合的形态各有不同，但其质料是相同的。在说明地球在众星体之中的位置时，他断言，地球飘浮在空间中，正如一只球漂浮在水中一样。这一论断可能受到了古代神话的影响，因为古希腊神话把海神夫妇看作创世的双亲。

泰勒斯是有文献记载的最早对自然进行哲学思考的哲学家，他摆脱了宗教神话的束缚，试图从变化万千、丰富多彩的自然万物中概括它们统一的本原。可能是由于哲学家刚开始进行哲学思考时，还没有普遍抽象的概念可用，只能用感性直观的东西来表示或象征普遍的东西。"水"是自然中的一种元素，以水来解释宇宙的构成，体现了自然哲学家以自然解释自然的哲学原则。此外，水还象征着万物的开端和主宰，是生化万物的本原，所以具有普遍性和流动性。

毕达哥拉斯：不能对着太阳撒尿

万物皆数。

——毕达哥拉斯

毕达哥拉斯（约前580至前570之间—约前500），古希腊哲学家，毕达哥拉斯学派创始人，第一个使用"哲学"一词的人，认为哲学家就是爱智慧的人。毕达哥拉斯年轻时游学于埃及、巴比伦等地，学到很多天文学和几何学知识，后返回古希腊，在克罗顿（今属意大利）招徒结社，创建自己的学派。

该学派有两条最能概括他们思想特色的典型格言："什么最智慧？——数目""什么最美好？——和谐"。

第一位民众教师

　　毕达哥拉斯在东方学成归来后，本来打算在自己的家乡萨摩斯岛传授知识，可当时萨摩斯岛政局混乱，他只得离开家乡，来到意大利南部的克罗顿。

　　下船后，毕达哥拉斯朝城里走去，一边走一边盘算着如何在这个新地方实现自己的理想。半路上，他看见几个渔夫垂头丧气地从一条岔路上走过来。毕达哥拉斯迎上去和他们搭话，才知道这些渔夫今天在海边捕鱼一无所获。他想起自己刚才经过的那片海岸，然后对渔夫们说："你们想捕到鱼吗？我带你们去一个地方，保证你们撒下网就能捕到很多的鱼。"渔夫们听了很高兴，请毕达哥拉斯赶快告诉他们那个地方在哪儿。这时，毕达哥拉斯说："不过，我有一个条件，就是等你们捕到鱼后，我叫你们做什么，你们就得做什么。如果你们答应了，我就带你们去。"渔夫们答应了，于是毕达哥拉斯将他们带到一个自己刚才经过的地方，渔夫们的网撒下去后果然捕到了不少的鱼。这时毕达哥拉斯说出了要求他们做的事：趁这些鱼还活着，立刻全部放回海里去。渔夫们信守诺言，把鱼都放生了，他们回去后立刻把这件事传播开来。很快，毕达哥拉斯就在克罗顿名声大噪。

　　之后，毕达哥拉斯先帮助当地人学着做生意，教他们怎样用秤称东西、用尺子量长度。随着克罗顿的人们收入不断增加，大家对毕达哥拉斯的尊敬也与日俱增。为了能更广泛地向人们传授知识，毕达哥拉斯决定开办一所公众学校，后来，有三百多人前来这里学习，他也就成了这里的第一位民众教师。

这所学校是一个合宗教、政治和哲学为一体的团体，人称"毕达哥拉斯同盟"。它同时也是一个具有神秘性质的组织，弟子在这里学习五年之后，才能第一次和老师见面。这个团体不分男女都可以加入，弟子的地位一律平等，财产是公有的，甚至所有哲学上的发现也都算集体的功劳。毕达哥拉斯还为这个团体制订了许多奇怪的戒律，比如：不准用铁器拨火、不准在指环上雕刻神像、不准吃动物的心脏、不准吃豆子、不准踩豆子地……这些禁忌的用意何在，后人有种种分析。有人认为这纯粹是为了给团体染上神秘的色彩；有人认为像禁食公牛和小牛肉、不准吃豆子和踩豆子地，与发展畜牧业和农业有关；还有人认为这是从宗教迷信思想出发，为了净化灵魂，使人死后灵魂得以超升，脱离轮回之苦；有些禁令还有政治方面的原因。

毕达哥拉斯的团体很成功，有一段时间甚至取得了克罗顿地区的统治权。但是木秀于林，风必摧之，敌对势力联合起来向毕达哥拉斯的团体发动了突然袭击。相传，弟子们保护着毕达哥拉斯逃了出来，当他们跑到一块豆子地前时，毕达哥拉斯坚决奉行自己不踩豆子地的戒律，于是被追上来的敌人捉住并杀掉了。

毕达哥拉斯学派的禁忌

毕达哥拉斯为自己的学派制订了许多奇怪的禁忌，但是由于其组织的神秘性，人们一直无法得知其中的全部内容，只能在该学派一些成员后来的某些残篇断章中了解到一些。

1. 去神庙时要先敬神，路途中不要说话，不要做任何与日常生活有关的事情。

2. 在路途中既不要进入庙宇也不要敬神，甚至经过庙堂的大门时也不要对神礼拜。

3. 切勿穿着鞋向神献祭和礼拜。

4. 避开大道走小道。

5. 听命于神灵，最重要的是不要随便说话。

6. 切勿用铁器拨火。

7. 帮助负重之人，勿助卸重之人。

8. 穿鞋自右脚始，洗脚自左脚始。

9. 切勿在暗处谈论毕达哥拉斯同盟的事情。

10. 切勿跨越横栏。

11. 从家外出切勿朝后看，因为复仇女神紧跟着你。

12. 饲养公鸡但勿用公鸡祭祀，因为公鸡是专门奉献给太阳神和月亮的。

13. 切勿在斗上坐。

14. 切勿让燕子在屋檐下筑巢。

15. 切勿戴指环。

16. 切勿在灯旁照镜子。

17. 切勿怀疑神迹和宗教信仰。

18. 切勿大笑不止。

19. 祭祀时勿剪指甲。

20. 起床时要卷好被褥，将睡过的地方抚平。

21. 切勿食动物的心脏。

22. 切勿在被剪下来的头发、指甲上吐唾沫。

23. 切勿在灶灰上留下锅的印记。

24. 切勿食豆子。

25. 切勿食用生灵。

26. 切勿食公牛和小牛。

27. 切勿踩豆子地。

…………

　　亚里士多德认为，毕达哥拉斯告诫门徒勿食豆子，这不仅是因为豆子像阳具、像冥王哈德斯的口（因为豆子是唯一的无肢节植物），还有可能是因为豆子具有毁灭的本性，因为豆子类似于宇宙，或是因为它们具有寡头政治的特点（它们被用于抽签以选举统治者）。他告诫门徒勿食桌上掉下来的食物，使他们习惯于有节制的饮食，这或许是因为这些东西会招致死亡。阿里斯托芬也说，掉下来的东西为英雄所有。勿碰白公鸡，因为这种动物是献给月神的祭品，它能报晓，而且白色是善，黑色是恶。勿碰献祭的鱼，因为神人同享一道菜肴是不公正的，就像自由人和奴隶享用同一道菜肴不合适一样。勿将面包弄碎，因为古时的朋友在相会时会带一个完整的面包。勿分割使他们团聚的面包，一些人解释说，这条戒律和哈德斯的审判有关；另外有些人说，分割面包会使人在战场上变得怯弱胆小；还有人解释说，宇宙是从面包开始的。

赫拉克利特：世界是一团熊熊燃烧的烈火

智慧就在于说出真理。

——赫拉克利特

赫拉克利特（约前540—约前480与470年之间），古希腊爱非斯学派的创始人，具有丰富的辩证法思想。他认为，火是万物的本原，世界过去、现在和未来永远是一团永恒的活火，在一定分寸上燃烧，在一定分寸上熄灭。他提出了很多有名的哲学命题，如"一切皆流""一切皆变""一切都存在，同时又不存在""人不能两次踏进同一条河流"等，他还创造性地用"逻各斯"来说明万物运动变化的规律性。

尼采对他的评价极高："人类永远需要智慧，因而永远需要赫拉克利特。"

爱江山，更爱智慧

按照当时的政治制度，赫拉克利特是爱非斯城邦的王位继承人，他目睹市民的社会生活日趋变坏，权贵们的生活日益奢侈淫逸，感到十分痛心。有一次，爱非斯被波斯人的军队包围，生活资源断绝，但在这样的形势下，许多人依然花天酒地。不久，全城的人就受到了饥饿的威胁。为了解决生存问题，城邦召开了公民大会。会上，那些每天只知花天酒地的人不着边际地高谈阔论，却无一人能提出有用的办法。这时，人们问赫拉克利特有何高见，他一言不发，转身回去拿来大麦面和水，在公民大会上吃喝了起来。这时，人们恍然大悟：只要人人都能做到节俭地生活，就能渡过这次难关。赫拉克利特认识到，要改变败坏的社会风气，就要使人们坚持以正确的思想来指导生活，为此必须钻研哲学。于是，他放弃王位的继承权，隐居郊外山里的狩猎女神庙宇之中，潜心研究哲学。

后来，波斯的国王读了他写的《论自然》，特地派使者去请他到波斯讲课，并许以荣华富贵。赫拉克利特拒绝了，他在信中写道："那样多的世人生活着，对于真理和正义都是陌生的。他们由于可恶的愚昧而保持着无节制的生活和虚妄的意见。但是我呢，由于已经遗忘了一切罪恶，遗弃了跟随我的无度的嫉妒和居高位的傲慢。因此，我将不应邀来波斯，而在此山野中满足于我的卑微，并保持我的素志。"

由于长期靠吃树皮和草根度日，赫拉克利特最后得了水肿病，不得不返回城邦求医。他用打哑谜的形式问医生"能否使阴雨天变得干燥"，医生不懂他的意思，他就对医治失望了。于是，他跑到牛栏里，把脚伸到牛粪中去，想用牛粪的热力把身体内的水弄干。可是，这种办法对水肿病没有疗效，他最终死于这场疾病。

人不能两次踏进同一条河流

赫拉克利特每天都和他的学生们一起出来散步，一边走一边讨论问题。有一天，他们来到河边，脱下鞋袜，然后蹚着水过河。当走到中间时，赫拉克利特突然站住了，学生们很疑惑，也不敢往前走了。于是，大家站在水中间，感受着河水从脚边流淌而去。赫拉克利特沉思了一会儿，然后郑重地提醒学生们记住并认真思考下面这几句话：

踏进同一条河流的人，经常遇到新的流水。
我们踏进而又不踏进同一条河，我们存在而又不存在。
人不能两次踏进同一条河流。

学生们听后，都感到其中包含着深刻的哲理，但一时又捉摸不透。有个叫克拉底鲁的学生，片面地理解并发展了他的老师的这个观点。他认为既然一切事物都处在流动变化之中，那就是说事物在任何时候都在发生变化，不可能有一刻的稳定和静止。就像这条河流一样，在我们刚刚踏进去的那一瞬间，它就变成另外一条河流了，所以我们即使只踏进去一次，所踏的也不是同一条河流了。

于是，他宣称"人不仅不能两次踏进同一条河流，连一次踏进同一条河流也不可能"。

希腊有一位喜剧作家，听说克拉底鲁的主张后，特意按照他的这个观点创作了一部喜剧，并请克拉底鲁在首演时观看。

演出开始后，剧中人甲和乙出场了。

甲：朋友，我有急事，可现在手头没钱，请你帮帮忙，借点钱给我。

乙：你这个人从来就不讲信用，经常赖账不还。过去我就吃过你的亏，现在你又想来骗我的钱，告诉你，我才不会上你的当呢！

甲：朋友，你怎么这样说呢！我这个人从来都是很讲道理的，前几次借的钱没还，不都是有道理的吗？

乙：你有什么道理？尽是歪理！你别想再耍花招了！

甲：朋友，过去的事就别提了。这次，你无论如何都要帮帮我。我向你保证，这次借的钱一个月以后准还。你要是不信，我可以向阿波罗神起誓，到期不还就让神惩罚我！

乙：既然你发了誓，那就把钱拿去吧。到了一个月的期限，可不能再赖账！

（甲和乙退场，过会儿两人又上场了。）

乙：一个月已经过去了，你要守信用，借我的钱该还了吧！

甲：朋友，你知道我借你的钱是干什么用的吗？我用这笔钱交了学费，我去拜了一位老师学习哲学。学了他的哲学后，我不论做什么事都是有道理的。要不要我把他的哲学讲给你听？

乙：少废话！借钱时你对神起了誓，现在期限已到，你快把钱还给我，不然神要惩罚你的。

甲：按照老师教给我的哲学道理，我既不用还钱给你，也不会受到神的惩罚。我的老师说，一切都是变化的，人连一次踏进同一条河流的可能都没有，因为河流转眼就变了。而从向你借钱到现在已经过去一个月了，现在这个我早就不是向你借钱和对神起誓的那个我了。所以，你不应该向现在的我要钱，只能去向一个月以前的那个我要钱。现在的我是不会还钱给你的。

（乙听后非常气愤，揪住甲痛打了一顿，把甲打得鼻青脸肿。）

甲：你敢打人！你把我打伤了，我要去告你，要你赔偿损失和医药费。

（甲叫喊着跑下场，乙追着甲下场。下一场，舞台中间放着桌子，后面坐着法官。）

法官：谁是原告？告什么状？

甲：我是原告，我控告他把我打伤了，您看，脸都被打肿了，鼻子也被打出血了。请您遵照法律惩罚他，并让他赔偿我的医药费。

法官对乙说：是你打的人吗？打人是要受到法律制裁的。

乙：（在说明了事情的经过后，接着说道）我知道打人是犯法的，要受到法律的制裁。但按照他从他老师那里学来的道理，一切事物都在变化，一个事物马上会变成别的事物。在哲学家眼里，我这个人也是个事物，也是瞬息万变的。现在的我并没有打人，而打人时的我又不是现在的我。所以，和他不还钱给我的道理一样，法律应当去惩罚先前打人的那个我，让那个我去给他付医药费。现在的这个我是不用负任何责任的。

戏剧演到这里，全场观众无不捧腹大笑。正在这时，观众中有人认出了克拉底鲁，便站起来指着克拉底鲁说："大家看，那个赖账不还的人交学费拜的老师就是这位克拉底鲁先生！"全场观众一下子把目光转向克拉底鲁，弄得他惊慌失措，无言以对，只是习惯性地伸出手来摇动大拇指。他的这一招牌动作，更引起了人们的哄笑，这场喜剧也就在笑声中结束了。

幸福是什么？

有一天，一个内心苦闷的年轻人找到赫拉克利特提，并向他提出了一个问题：幸福是什么？

赫拉克利特看了看这个年轻人，反问他："你觉得幸福是什么？"

"我想，幸福应该是肉体的快感、拥有黄金和吃得好。"

赫拉克利特笑着对他说："如果幸福在于肉体的快感，那么牛在吃草的时候是幸福的；如果拥有黄金就是幸福，为什么驴子宁可要草料而不要黄金；如果吃得好就是幸福，那么人如果能够像牲畜一样狼吞虎咽就是幸福。可是，优秀的人宁可要永恒的光荣，也不要那些很快就会消失的东西。"

"那么你认为幸福是什么呢？"年轻人觉得赫拉克利特还是没有把幸福是什么说清楚。

"在我看来，幸福就是拥有智慧。"赫拉克利特说。

"那么怎样才能拥有智慧呢？"年轻人又问道。

"一个有智慧的人应该熟悉很多东西。一个人要有智慧，就要有认识事物的能力。但是，博学并不能使人有智慧，否则成为一个智者也变得太容易了。有智慧的人应该具有善于驾驭一切的思想。从哲学的观点来看，如果你能承认'一切是一'，承认我的'逻各斯'，那就是智慧的。此外，你还必须特别注意，那就是人的心没有智慧，而神的心则有智慧。最美丽的猴子和人比起来也是丑陋的，最智慧的人和神比起来，无论在智慧、美丽，还是其他方面，都像一只猴子。"

"那么我到你这儿来学习好吗？请你教我你的'逻各斯'。"年轻人的情绪好多了。

赫拉克利特高兴地说："好啊，我就收下你这个弟子了。"

巴门尼德和芝诺：阿基里斯追不上乌龟

存在者存在，非存在者不存在。

——巴门尼德

走到终点，需先走过中点。

——芝诺

巴门尼德（约前 515 年—约前 445），出生于埃利亚（今意大利那波利附近），是前苏格拉底时期最重要的哲学家之一。他第一次提出了"思想与存在是同一的"命题，其关于存在的思想具有划时代的意义，对整个希腊哲学乃至整个西方哲学的形成和演变产生了不可估量的影响。

芝诺（约前 490—约前 430），巴门尼德的学生，同样生活在埃利亚城邦。提出了著名的芝诺悖论，对巴门尼德的存在论进行辩护。

芝诺悖论

巴门尼德六十五岁时，和四十岁的学生芝诺一起来到了雅典。这个时候的雅典还不是哲学昌盛、哲学家层出不穷的时期。因此，在颇负盛名的巴门尼德和芝诺来到雅典之后，这里的人们都非常兴奋，大家都想看看哲学家究竟是什么样子。巴门尼德很高兴，他当众进行了一场即兴演讲。

他说："雅典的人们啊，你们看看这个世界！也许你们认为这个世界是多姿多彩的，但你们都错了，这个世界并不是你们所看到的那样。世界是一而不是多，任何事物的存在都是永恒的，是连续不可分的；任何事物的存在都是不动的，是真实的、可以被思想的；感性世界的具体事物是非存在的，你们的悲欢离合、喜怒哀乐都是假相，是不能被思想的。没有存在之外的思想，被思想的东西和思想的目标是同一的，任何思想都是思想着事物的存在而存在。"

巴门尼德在广场的高台上对着下面来聆听的雅典民众说道："你们不能知道什么是不存在的，因为只要你们设想到有不存在的东西，那就都是从现实的存在所获得的经验出发而想到的。比如龙，你们通常会说它有鹰的利爪、鸟的翅膀、马的头部、鹿的角、蛇的鳞片，还会喷火。而这些对龙的细节的描述，都源于你们日常所见过的事物。即使你们能在脑海中完整地想象出龙的样子，也很难把它说出来，因为能够被思维的和能够存在的乃是同一回事。

"那么现在存在的，又怎么能够在将来依旧存在呢？或者说，它怎么能够得以存在呢？如果它过去存在，现在就不存在；如果它将来存在，那么现在也不存在。因此就消亡了，也就听不到什么过渡了。

"能够被思维的事物与思想存在的目标是同一的，因为你绝不能发现一个思想是没有它所要表达的存在物的。

"当你思想的时候，必然是想到某种事物；当你使用一个名字的时候，它必是某种事物的名字。因此思想和语言需要在它们本身以外有一种客体的存在。而且既然可以在一个时刻而又在另一个时刻同样思考着或者是说到一件事情，所以凡是可以被思维的或者可以被说出来的，就必然在所有的实践之内都存在，因此就不可能有变化，因为变化就包含着事物的产生和毁灭。"

巴门尼德举例说："当你们说到泰勒斯的时候，你们必然指的是那个'七贤'之一的泰勒斯。你们会说泰勒斯说'水是万物的本原'，而假如这个世界上本来不存在泰勒斯这个人，那么你们的说法就毫无意义了，因为你们的话不能指明任何内容。假如有一个泰勒斯是存在的，那么他就必然是一直存在的，因为这个世界上的万事万物都是静止不动的。因为我们能知道泰勒斯是过去的事物，那么它实际上就不能是过去的，而一定在某种意义上是现在存在的。因此，这个世界上是不存在所谓变化这种东西的。

因为一旦'泰勒斯'这个词产生了变化，那么我们现在所说的泰勒斯就不是我们之前所说的泰勒斯，以后我们也不能用泰勒斯这个词来表达我们以前用泰勒斯这个词来表达的内容了。"

巴门尼德的演讲获得了圆满的成功，之后，苏格拉底——这个雅典著名的"牛虻"——也来拜访巴门尼德并向他请教了一些问题，当然这是后话。

演讲结束之后，师徒二人走在雅典的大街上。巴门尼德兴高采烈，因为他将自己的学说公之于众了，但是芝诺却一直没有说话。巴门尼德发现了爱徒的奇怪神情，于是停下来问他在想什么。芝诺连忙回答说："老师，我正在考虑一个问题，就是飞着的箭不会动的问题。"

"飞着的箭不会动？"巴门尼德稍加思索就明白了，"你说说看。"他想看看爱徒的学识有多少长进。

"是。"芝诺恭敬地说，"我在想，飞着的箭矢是静止的。因为每件东西在占据一个与它自身相等的空间时是静止的，因为它没有通过位移而占据比它本身更大的空间，哪怕是一根头发丝的空间。飞着的箭在任何一个瞬间的现在，也同样是占据着一个和它自身相同的空间，它同样没有占据比它本身更大的空间，那么它当然也就是不动的了。"芝诺一边思考一边说道。

"嗯，你说得很对。这和我的世界上只有一而不存在多的学说是一样的，只是你是从反面来说的。"

"对了，老师，我还想到一个证明。"

"哦？说说看。"巴门尼德饶有兴趣地说。

"阿基里斯您知道吗，老师？"

"当然，荷马史诗里那个著名的希腊英雄，传说他跑得很快。"巴门尼德笑着说。

"不是他，不是他。"芝诺摇手说，"我说的阿基里斯是最近在奥林匹亚运动会中拿下赛跑冠军的那个人。"

"哦，是他啊。"巴门尼德颔首表示听说过，"这和你的证明有什么关系呢？"

芝诺蹲在地上画了一条直线："老师请看。我们假设阿基里斯在这儿，而乌龟在阿基里斯的前面，他们同时开始跑的话，阿基里斯将永远追不上乌龟。"

"为什么呢？"巴门尼德问。

"因为……"芝诺在地上点了几个点，"如果阿基里斯想追上乌龟，那么必然的，他必须先通过乌龟开始出发的点，乌龟虽然速度很慢，但毕竟已经爬出去一段距离了，这个时候，阿基里斯离乌龟还是有一段距离的。"

"对。"巴门尼德点头。

"然后，当阿基里斯到达下一个乌龟已经过的点时，乌龟又往前爬了一段距离。这样，虽然阿基里斯和乌龟之间的距离越来越短，但由于阿基里斯必须也经过乌龟所有曾经经过的点，所以他将永远在乌龟的后面，他们的距离将趋向于无限小，但阿基里斯将永远追不上乌龟。"芝诺满脸笑容地说道。

"真是个绝妙的证明。"巴门尼德拍手称赞。

智者学派：出售智慧的人

人是万物的尺度，是万物是其所是的尺度，也是万物不是其所不是的尺度。

——普罗塔哥拉

公元前481—约前411，古希腊活跃着一群颇有些玩世不恭的哲学家，即所谓"智者"。他们穿梭于城邦之间，在各个地方演说，向年轻人收取学费，许诺能教给他们辩论的技巧。他们自诩为商人，但出售的也并非真理，而是传授别人如何诡辩的技巧。柏拉图和亚里士多德把这些智者看成是歪曲真理、玩弄似是而非的智慧的人。因此在西方，"智者"成了诡辩者的同义词。

智者学派中，著名的人物有普罗塔哥拉、高尔吉亚、克里底亚等人。

诡辩的技巧

　　普罗塔哥拉被普遍认为是第一位智者，他最为著名的一个观点是"人是万物的尺度"。这里实际上表达的是一个相对主义的观点。他断言每个人的感觉都是可靠的，人们对一切事物都会根据各自的感觉做出不同的判断，无所谓真假是非之分。而事物的存在是相对于人的感觉而言的，人的感觉怎样，事物就是怎样。因此，知识即是感觉，只要借助感觉就能获得知识。由此，他又推断出另一个著名的命题，即对神的怀疑。他说："至于神，我无法知道他们存在，也无法证明他们不存在。总之，对于神，我一无所知。"作为智者学派的第一人，普罗塔哥拉通过对主观性、相对性和利己性的强调，为诡辩术打下了坚实的基础。在他的观念里，正因为没有了神，没有了高高在上的标准，每个人都可以从自身出发来获得知识，论辩的重要性才能得以凸显。

　　据说，后来他的一个学生问他为什么要说对于神一无所知。他则对这个学生说："因为这样说风险最小。当人们对某些事物的意见产生分歧的时候，人们就不可能有一个非常确定的标准，来判断某个人对问题的解答是否正确。这样，你既可以说它是正确的，也可以说它是错误的。"

　　另一个著名的智者高尔吉亚则用一些貌似极其荒唐的命题向

人们展示了诡辩的可怕。在他的演讲和著作中，他"证明"了三个命题：一、无物存在。二、如果有物存在，那么也无人能认识它。三、如果有人确实能认识它，那么也无人能够传达这种认识。这些命题显得如此荒谬，但高尔吉亚却通过复杂的逻辑推理——予以证实。在他看来，由于每个人都是主观的，每个人所知道的仅是他个人所知道的，因此，根本没有判定真理的客观标准。正是由此他才推断出，我们实际上无法认识真正的世界。

智者的故事

关于普罗塔哥拉，有这样一个故事。有一次，普罗塔哥拉招收了一个名叫欧提勒士的学生，教他法庭辩论之术。师生之间事先签订了合同，规定欧提勒士先付给普罗塔哥拉一半学费，剩下一半，等欧提勒士以后打赢了第一场官司再付。如果第一场官司打输了，则证明普罗塔哥拉教学的效果不佳，那么欧提勒士剩下的另一半学费就可以不交。欧提勒士毕业后并不出庭打官司，也不去交剩下的另一半学费。普罗塔哥拉等得不耐烦了，就向法院提出了诉讼。

在法庭上，普罗塔哥拉的理由是："如果欧提勒士这次官司打赢了，那么按照合同，你应付我另一半费用；如果你输了，那么按照法庭的裁决，你也应该付给我另一半学费。这次官司或者打赢，或者打输，你都得付我另一半学费。"

谁知"道高一尺，魔高一丈"，欧提勒士也有自己的一套理论："如果我打赢了这场官司，那么按照法庭裁决，我不必付给你另一半学费；如果我打输了，那么按照合同规定，我也不必付给你另一半学费。不管是赢还是输，我都不必付给你学费。"最终，法官也不知所措。

有一次，一个智者狄奥尼索多拉斯故意去捉弄一个名叫克里西普斯的头脑简单的人。

狄奥尼索多拉斯说："你说你有一条狗，是吗？"

克里西普斯说："是呀，我有一条恶狗。"

狄奥尼索多拉斯问："它有小狗吗？"

克里西普斯说："是呀，这些小狗们和它一个样。"

狄奥尼索多拉斯又问："这狗就是它们的父亲，是吗？"

克里西普斯说："是呀。"

狄奥尼索多拉斯问："它不是你的吗？"

克里西普斯说："它的确是我的呀。"

狄奥尼索多拉斯说："它是一个父亲，而且它又是你的，所以它就是你的父亲了，而小狗就是你的兄弟了。"

…………

有一次，一位年轻人找到当时的一位智者欧底姆斯请教。欧底姆斯向这位初次见面的年轻人提了这样一个问题："你学习的是已经知道的东西，还是不知道的东西？"

年轻回答："只有不知道的东西才需要学习。"

"据我所知，字母是你知道的东西吧？"欧底姆斯继续追问。

"不错。"年轻人答道。

"你认识所有的字母吗？"

"认识。"

欧底姆斯嘿嘿一笑问："那么老师教你的时候，不正是教你认识字母吗？"

欧底姆斯有意混淆"老师教你的时候"这个偏正词组所表示的时间概念来进行诡辩，那年轻人不假思索，顺口说："是的。"

"你既然认识字母，那么老师教你的不就是你已经知道的东西了吗？"

"是呀。"

"学习字母的只是那些不知道字母的人，而你早已认识字母了，这说明你并不是在学习。"

"不，我也在学习。"

"如果你认识字母，那你就是在学习你已经知道的东西了。"

"是的。"

欧底姆斯说："你要我相信这个事实，那么就必须推翻你刚才所说的话！"

"我刚才说的话？……"年轻人有些晕头转向了。

"你刚才说，你只学习不知道的东西，这样的断言显然被你后来的话推翻了。"欧底姆斯解释道。

于是，年轻人不知所措了。

德谟克利特：第一个百科全书式的学者

万物是由原子构成的，原子之间是虚空。

——德谟克利特

德谟克利特（约前460—约前370），古希腊的属地阿布德拉人，古希腊伟大的唯物主义哲学家。他提出著名的原子理论，认为原子和虚空构成了万物的本原，原子间的相互冲击和碰撞形成了我们无穷的世界。

他被称为第一个百科全书式的学者。

柏拉图的敌人

德谟克利特是他父亲的第三个儿子，他从小就热爱学习。有一次，他一个人躲在牛栏里看书，他父亲把一头他最喜欢的牛从他眼皮子底下牵走了，可他却一点儿也不知道。等他出来时，才发现这头牛已经被宰杀，用于祭神，他不禁放声大哭。

当他们弟兄三人都长大成人时，父亲决定分家。父亲把财产分成了三份。德谟克利特决定要最少的那份。他的父亲便问他为什么，他说："我想到其他地方去旅行，去寻找最有学问的人，向他学习哲学。那份财产虽少，但全是现金，对我外出旅行最有帮助。"

于是，德谟克利特怀揣着一百塔兰特的现金离开了家乡。在旅行中，他学了许多知识，等他到达雅典的时候已经是一个学识渊博的人了。在雅典，德谟克利特并没有受到应有的招待，因为虽然大家都对哲学十分热情，但当时另外两位哲学大家普罗塔哥拉和苏格拉底吸引了所有人的注意。他感慨道："我到了雅典，可是没有一个人知道我，也没有一个人理睬我。"他向人们宣传他的原子论思想，人们也不接受。他不由得感到生不逢时。他对别人说："我在这里认识了苏格拉底，但苏格拉底却不认识我。"

德谟克利特的原子论和柏拉图的理念论在理论上有着很深的冲突，尽管无人理睬，但他依旧坚持自己的主张。柏拉图曾为此十分恼火，他声称要把德谟克利特的所有著作一把火全烧了。但有人劝柏拉图说："你这样做也没有任何意义，因为德谟克利特的著作已经流传得很广了。"柏拉图只得打消了这个念头，但在此后他的著作中，他从不提及德谟克利特，他要用漠视来贬低德谟克利特的原子论在哲学界的地位。然而，即便是像柏拉图这样的大家也不能抹杀真理的光辉，德谟克利特的原子论思想至今仍为人们所讨论、学习，发挥着积极的意义。

宙斯的惩罚

据说，德谟克利特有一次因为不信神而被传讯。在法庭上，他讲哲学、讲科学，昏聩的法官一概不听——他只相信神。德谟克利特看了老法官一眼，灵机一动，对法官说："法官先生，你最尊敬神，这是很好的。那你一定听说了，先前我的一个邻居说我得了神经病，结果给天上掉下来的乌龟砸破了头。"

这件事情早已在城里传开了，法官当然也听说过。于是，法官说："那是最高神宙斯派他的传信鸟对你邻居做出的惩罚。由此看来，你更应该相信神。"

哲学家说："那么好吧！我的邻居只不过说我得了神经病，最高神宙斯就派老鹰对他做了严厉的惩罚。可见神喜欢谁是十分清楚的，现在任你判我多重的刑罚都可以，反正最高神宙斯是会给我做主的。我已经看到他派出的老鹰正向这里飞来了。"

迷信的法官一听，吓得双手抱头，赶紧改口说："我知道你是最高神宙斯喜欢的人，你使我们的城邦能得到神的保佑，你是我们城邦的光荣，我现在就宣布你无罪……"

回去以后有人问他："你不是说一切都是自然的原因引起的吗？为什么在法庭上你又说那是宙斯的惩罚呢？"

德谟克利特回答说："真理只能与相信真理、爱好真理的人谈论。对于那些昏庸的家伙，只能用别的办法去对付他们。"

那个人又问他："那你邻居的头为什么会被砸破呢？"

德谟克利特回答说："这里根本没有什么神的作用，完全是自然的原因。根据对老鹰的解剖情况可知，老鹰是最喜欢吃乌龟肉的。但乌龟的壳很硬，为了吃到龟肉，老鹰常把乌龟叼起来飞到空中，当看到地上有光滑的石头时，便将乌龟摔下来，龟壳被摔破，它就能吃到龟肉了。当时，我的这位邻居站在太阳下面，阳光照在他的光头上，老鹰从空中往下看，误以为是一块光滑的石头，便将乌龟对准光头摔了下来。"

什么是快乐？

德谟克利特学成回乡后，时常有各地的人前来请教人生中遇到的问题。有一次，一个年轻人来问他："什么是快乐？"

德谟克利特说："快乐与不适构成了你应该做和不应该做的事的标准，也决定了有利和有害之间的界限。"

"那是不是吃得好、穿得好就是快乐呢？"年轻人又问。

"这可以说是快乐的一种形式。但对那一切都只是沉溺于口腹之欲，并在吃、喝、情爱方面放纵的人，快乐是很短暂的。只有他们在吃着、喝着的时候是快乐的，而随之而来的坏处却很大。除了瞬息即逝的快乐之外，这一切当中丝毫没有什么好东西，因为他们总是感到仍有需要未满足，所以我们应当拒绝一切无益的享乐。"德谟克利特语重心长地说。

"那么我们是不是应该尽情享乐呢？"年轻人又问。

"不！享乐应该被节制。节制能使快乐增加并且使感受到的乐趣更加强烈。陷入无节制的欲望是儿童才干的事，而不是一个成人该干的事。不合时宜的享乐会让人产生厌恶感。"

德谟克利特看了看年轻人，又接着说："人们通过享乐上的节制和生活的宁静致远，才能得到真正的快乐。应该定心于那些现实的东西，满足于我们力所能及的事物；不要太注意那些为人所嫉妒和羡慕的人，思想上也不要老是惦记着他们；应该把目光投向那些生活贫穷的人，并且想想他们的痛苦，这样你所能支配的这点财富就会显得很多、很值得羡慕，并且不会再因为永远想得到更多而让自己的灵魂背负枷锁；应该去追求自己能够拥有的，而且经常要和那些更不幸的人去比一比。如果你接受了这些原则，那么你就能生活得更愉快，并且驱除生活中不少的恶：嫉妒、仇恨和怨毒。"

"难道拥有财富不是一件令人快乐的事吗？"年轻人对于德谟克利特没有提及财富感到奇怪，所以他特别提出了关于财富的问题。

"能带给人幸福的不是身体上的享受，也不是财富，而是正直和谨慎。凡是期望灵魂之善的人，会追求某种神圣的东西；而追求肉体快乐的人则只能获得一种容易幻灭的好处。当然，在使人乐意的事物中，那些最稀有的会给予我们最大的快乐。一个人如果太缺乏财富，那么拥有财富会使他觉得快乐。可是一个明智的人，不应该愁自己没有的东西，而应该享受他拥有的东西。如果对一种特定对象的欲望过于强烈，就会使灵魂看不见其余的一切。对财富的欲望也是这样。"德谟克利特这么回答。

"那么我们应该追求美吗？"年轻人又问。

"是的，大的快乐来自对美的瞻仰，追求美而又不亵渎美，这种爱是正当的。不过身体的美，若不和智慧相结合，就是种动物性的美。如果你打开自己的内心，会看到里面是一大堆各种各样不好的情欲。人应该每天怀着新的思想。追求知识，可以使我们避免许多的不快乐。对别人所拥有的东西，不要有嫉妒之心。心怀嫉妒的人常常自寻烦恼，这是他自己的敌人。"德谟克利特这样说。

"德谟克利特，你是对的。"年轻人很快乐地离开了。

受到表彰的犯人

德谟克利特的故乡阿布德拉城邦规定："浪费掉祖业的人，不得在阿布德拉城举行葬礼。"所以，德谟克利特回到阿布德拉之后，遭到了一场审判，他被控"挥霍财产罪"。原因是德谟克利特经常外出旅行，而有些人企图占有他剩下的财产，便控告他浪费祖产，对族中的事不加理会。根据该城的法律，犯了这种罪的人，要被剥夺一切权利并被驱逐出城。

德谟克利特来到法庭上，为自己做了如下的辩护："在我同辈的人当中，我漫游了地球上的绝大多数地方，我去过的地方最遥远；在我同辈的人当中，我见过的土地和国家最多，我听到的有学问的人的讲演最多；在我同辈的人当中，勾画几何图形并加以证明，没有人能超得过我，就是埃及所谓丈量土地的人也未必能超得过我……"

接着，他在庭上当众诵读了他的名著——《宇宙大系统》。当他读到"没有什么可以无端发生，万物都是有理由的，而且都是必然"的时候，人群中爆发出一阵欢呼，打断了他的诵读。他的学识和他的雄辩取得了完全的胜利，彻底征服了阿布德拉。

为了奖赏他的这部哲学著作，法庭不但判他无罪，还决定以五倍于他"挥霍"掉的财产——五百塔兰特的报酬表彰他。同时，还将他视为这座城市的伟人，在他还在世时就为他建立了铜像。他死后，阿布德拉以整个国家的名义为他举办了盛大的葬礼。

苏格拉底：永远的"牛虻"

好的婚姻仅给你带来幸福，不好的婚姻则可使你成为一位哲学家。

——苏格拉底

苏格拉底（前469—前399年），著名的古希腊哲学家，他和他的学生柏拉图及柏拉图的学生亚里士多德被并称为"希腊三贤"，被后人广泛认为是西方哲学的奠基者。他早年继承父业，从事雕刻石像的工作，后来研究哲学。他在雅典与当时的许多智者辩论哲学问题，主要是关于伦理道德以及教育、政治方面的问题。他被认为是当时最有智慧的人。他有很多学生，其中最为著名的是哲学家柏拉图与色诺芬。由于他本人没有任何著述传世，我们对他的了解，也主要是来自这两位哲学家的著作。在欧洲文化史上，他一直被看作为追求真理而死的圣人，就好比孔子在中国历史上所处的地位。

丑陋的相貌，高尚的灵魂

苏格拉底长得很丑，他脸颊扁平，嘴唇肥厚，眼球突出，鼻子扁大而向上翘，还有张奇大无比的嘴巴。他的学生色诺芬评价他说，"他比萨提尔滑稽戏里的一切丑汉都丑"。他的怪模怪样常常惹来人们的嘲笑，甚至成为朋友们聊天的谈资，但他自己丝毫不在意。他说："实用才是美的，一般人的眼睛深陷，只能向前看，而我的眼睛可以侧目而视；一般人的鼻孔朝下，因而只能闻到自下而上的气味，而我可以闻到整个空气中的气味。至于大嘴巴、厚嘴唇，可以使我的吻比常人更加有力、接触面更大。"在他看来，跟俊美的外貌相比，崇高的灵魂和智慧才是更值得人们去追求的。

苏格拉底从来不把人世间的物质享受当作人生的追求。他有一句名言："这个世界上有两种人，一种是快乐的'猪'，一种是痛苦的人。做痛苦的人，不做快乐的'猪'。"在他看来，不追寻高尚的道德，不探求世界的真理，仅仅去追求生活上享乐的人便与猪无异。他虽然很贫困，但对自己的石匠工作并不十分卖力，只要收入够一家糊口就不多干了。他总是在天亮前起床，匆匆忙忙地吃些浸了酒的面包，穿上长袍，披件粗布斗篷，便出门找人讨论问题去了。他常在商店、寺庙、朋友家、公共浴室，或者是街口与人辩论，探讨与智慧和真理相关的问题。有一次，雅典对外进行战争，苏格拉底作为公民参加了战斗。当时正值冬天，在行军过程中，所有人都穿着厚衣服，用毛毡裹着脚，只有苏格拉底衣衫单薄，光着脚在冰上走，脑海中仍念念不忘地思考着哲学问题。

标榜自己无知的人

古希腊人信仰奥林匹斯诸神，其中伟大的太阳神阿波罗被认为是希腊精神的象征，他代表着艺术、音乐、诗、美、政治品德，还有合乎礼节的行为。古希腊人建造了供奉阿波罗神的德尔菲神庙，在这座神庙里有一块圣石，被认为标示着宇宙的中心。德尔菲神庙的女祭司则被认为具有通神的能力，能对未来做出预言，也能代表阿波罗神回答人世间的任何问题。有一次，一位叫凯勒菲的雅典青年跑到德尔菲神庙，他求问的是，是否有比苏格拉底更有智慧的人。女祭司传下神谕：没有比苏格拉底更有智慧的人。

苏格拉底听到这个消息后，完全陷入了迷惑，因为他认为自己一无所知。但是女祭司是代表阿波罗神做出的回答，因此也不可能撒谎。为了更深地认识神谕，他就四处访问以智慧出名的人，看看他是否能指正神犯的错误。他想，如果能找到一个人比我有智慧，那就可以到神那里去提出异议了。于是，他先找到了一个以智慧著称的政治家，同他交谈，对他进行仔细观察，结果却发现这个人没有智慧。苏格拉底又试图告诉他这一点，但没想到却得罪了这位政治家。接着，苏格拉底又去请教诗人，请教工匠，请教所有被人们认为有智慧的人。但最后的结果是他把这些人一一得罪了，因为他发现他们都没有智慧，并且向他们指出了这一点。最后，苏格拉底终于发现神的回答是正确的。他之所以是最有智慧的人，正是因为他自己知道自己无知，而那些自以为自己很有智慧的人都是自大狂。他说："智慧意味着自知无知。"他还说："我平生只知道一件事，就是我为什么那么无知。"

有一次，他的一个学生对此表示质疑，因为在他看来苏格拉底已经拥有非常多的知识了，为什么还因觉得自己无知而整日闷闷不乐呢？苏格拉底在地上画了一大一小两个套在一起的圆圈，对他的学生们说："你们的知识就好比中间的小圆，而我的就像是外面的大圆，我与外界未知的知识接触得更为宽广，这更令我感到惶恐不安啊。"

悍妇造就的哲学家

苏格拉底有一句名言："好的婚姻仅给你带来幸福，不好的婚姻则可使你成为一位哲学家。"在许多人看来，这正是苏格拉底自己生活的最佳写照。苏格拉底为人和善，有着非常多的朋友，而他的妻子珊蒂佩却脾气暴躁，极难相处。据说也正是由于珊蒂佩脾气暴躁，苏格拉底才没法待在家里，只能长久地待在广场上同别人争辩。有一次，苏格拉底正在和学生们讨论学术问题，他的妻子气冲冲地跑过来，把苏格拉底大骂了一顿，之后又从外面提来一桶水，猛地泼到苏格拉底身上。在场的学生们都以为苏格拉底会怒斥妻子一顿，哪知苏格拉底抖了抖浑身湿透的衣服，风趣地说："我知道，干雷过后必有大雨！"有人询问他为什么要娶这样的女人为妻，他笑道："如果你能驯服一匹烈马，那么驾驭其他马又有何难呢？我能忍受她这样凶的人，天下人还有谁不能做我的朋友呢？"在西方许多国家，"苏格拉底的妻子"甚至成了一个成语，作为悍妇的代称。关于爱情观，据说还有这样一个故事。

有一天，一个痛苦的失恋者找到苏格拉底，希望能在这位大哲学家这里获得安慰。两人展开了如下的对话：

苏格拉底（以下称"苏"）：孩子，你为什么这样悲伤？

失恋者（以下称"失"）：我失恋了。

苏：哦，这很正常。如果失恋了却不悲伤，恋爱大概也就没有什么味道。可是，年轻人，我怎么发现你对失恋的投入比对恋爱的投入还要多呢？

失：到手的葡萄给丢了，这份遗憾，这份失落，您非个中人，怎么能知其中的酸楚啊！

苏：丢了就丢了，何不继续向前走？鲜美的葡萄还有很多。

失：我想等待，等到海枯石烂，直到她回心转意向我走来。

苏：这一天也许永远不会到来，你最后会眼睁睁地看着她向另一个人走去。

失：那我就用自杀来表示我的诚心。

苏：如果这样，你不但失去了你的恋人，同时还失去了自己，你会蒙受双倍的损失。

失：踩上她一脚如何？我得不到的别人也别想得到。

苏：可这只能使你离她更远，而你本来是想与她更接近的。

失：那我该怎么办？我真的很爱她。

苏：真的很爱？

失：是的。

苏：那你希望你所爱的人幸福吗？

失：那是自然。

苏：如果她认为离开你是一种幸福呢？

失：不会的！她曾经跟我说，只有跟我在一起的时候她才感到幸福。

苏：那是曾经，是过去，她现在并不这么认为。

失：这就是说，她一直在骗我？

苏：不，她一直对你很忠诚。当她爱你的时候，她和你在一起，现在她不爱你了，她就离去了，世界上再没有比这更大的忠诚了。如果她不再爱你，却还装得对你很有情谊，甚至跟你结婚、生子，那才是真正的欺骗。

失：那我为她所投入的感情不是白白浪费了吗？谁来补偿我？

苏：不，你的感情从来没有浪费，根本不存在补偿的问题。因为在你付出感情的同时，她也对你付出了感情，在你给她快乐的时候，她也给了你快乐。

失：可是，她现在不爱我了，我却还苦苦地爱着她，这多不公平啊！

苏：的确不公平，我是说你对所爱的那个人不公平。本来，爱她是你的权利，但爱不爱你是她的权利，而你却想在自己行使权利的时候剥夺别人行使权利的自由，这是何等的不公平！

失：可是，现在痛苦的是我而不是她，是我在为她痛苦。

苏：为她而痛苦？她的日子可能过得很好，不如说你是为自己而痛苦吧。明明是为自己，却还打着为别人的旗号。年轻人，爱情丢了，德行可不能丢。

失：这么说，这一切倒成了我的错？

苏：是的，从一开始你就错了。如果你能给她带来幸福，她是不会从你生活中离开的。要知道，没有人会逃避幸福。

失：可她连机会都不给我，你说可恶不可恶？

苏：当然可恶，好在你现在已经摆脱了这个可恶的人，你应该感到高兴，孩子。

失：高兴？怎么可能呢，不管怎么说，我是被人给抛弃了。

苏：被抛弃的不一定就是不好的。

失：此话怎讲？

苏：有一次，我在商店看中一套精美的衣服，爱不释手，店主问我要不要。你猜我怎么说？我说质地太差，不要！其实，是因为我口袋里没有钱。年轻人，也许你就是这件被遗弃的衣服。

失：你真会安慰人，可惜你还是不能把我从失恋的痛苦中引出来。

苏：时间会抚平你心灵的创伤。

失：但愿我也有这一天，可我的第一步该从哪里做起呢？

苏：去感谢那个抛弃你的人，为她祝福。

失：为什么？

苏：因为她给了你忠诚，给了你重新寻找幸福的机会。

思想上的助产婆

德尔菲神庙的门口刻着一句箴言，即"认识你自己"。苏格拉底的一生正是对这句箴言的实践，他有一句名言："未经审视的生活是不值得过的。"他不仅不断地自我反思，还不断地引导别人去反思生活，去追求智慧。苏格拉底每天在广场上和不同的人讨论各种问题，对大家无不熟视无睹的事物发问，譬如"什么是正义""什么是勇敢"。当时的智者学派也每天在广场上用诡辩诘难大家，并努力招收学生来赚取学费，但苏格拉底与他们不同，他从来不收一分钱的学费。他把自己看作一只牛虻，而雅典城则是一匹由于闲适而养得过于肥胖的骏马，只有经受了他的叮咬，这匹骏马才能重新精神起来。

为了帮助别人反思生活，他采用了特殊的提问方法，使人们最后不得不承认自己对某一问题一无所知，从而重新去审视自己的生活。通常，他的谈话会从一个具体的问题开始，比如"什么是爱""什么是美"。在某人对这一问题做出自己的解答后，苏格拉底会从中找出错误的地方，并通过进一步的发问使对方承认自己对于这个问题的无知。最终，苏格拉底会和他的讨论对象达成共识：他们对于这个问题均是无知的，苏格拉底也无法给出最终的答案。

有一次，苏格拉底看到一位青年在街上演说关于道德的问题，他就去问这位青年："人人都说要做有道德的人，你能不能告诉我什么是道德呢？"

那位青年回答说："做人要忠诚老实，不能欺骗人，这是大家都公认的道德行为。"

苏格拉底接着问道："你说道德就是不能欺骗人，那么在和敌人交战的时候，我方将领为了战胜敌人，取得胜利，总是想尽一切办法欺骗和迷惑敌人，这种欺骗是不是道德的呢？"

那位青年回答道："对敌人进行欺骗当然是符合道德的，但欺骗自己人就是不道德的了。"

苏格拉底接着问道："在我军和敌人作战时，我军被包围了，处境困难，士气低落。我军将领为了鼓舞士气，组织突围，就欺骗士兵说，我们的援军马上就到。结果士气大振，突围成功。你能说将军欺骗自己的士兵是不道德的吗？"

那位青年回答道："那是在战场上，这是一种特殊的情况。我们在日常生活中不能欺骗人。"

苏格拉底接着问道："在日常生活中，我们常常会遇到这种情况：儿子生病了，父亲拿来药，儿子又不愿意吃。于是，父亲就欺骗儿子说，这不是药，是一种好吃的东西，儿子吃了药，病就好了。你能说这种欺骗是不道德的吗？"

那位青年只好说："这种欺骗是符合道德的。"

苏格拉底又问道："不骗人是道德的，骗人也是道德的，那么什么才是道德呢？"

最终青年只得告诉苏格拉底他也不明白道德是什么。

苏格拉底的提问就是这样，常常给人以诘难，以致有人会忍无可忍，把他揍一顿，甚至扯掉他的头发，而他从不还手，总是默默承受。苏格拉底的母亲是个助产婆，在他看来自己也是如此，他说："神迫使我做助产婆，但又禁止我生育。"他帮助每个人去认识生活，思考问题，最终找到真理。这样的一种谈话方式有着很强的启发性，被后人称为苏格拉底式的提问。

哲人之死

苏格拉底不断地向人们发问，迫使一个个自以为是的人承认自己无知，这样的行为最终给他带来了厄运。他的仇人们共同密谋反对他，控告他传播错误的学说、不敬神和腐化青年。他们把他送上法庭，希望能迫使他卑躬屈膝地承认自己犯了错。

但苏格拉底并没有屈服，在法庭上，他为自己做了辩护。在他看来，他的错误不是传播了错误的学说，而是不够厚颜去迎合他人，因此得罪了许多人。他不仅不肯承认自己有德行上的错误，反而认为城邦应当给予他各种便利，帮助他研究哲学。这些言论激怒了陪审团，最终，他被以 280 票对 200 票判处死刑。

苏格拉底的朋友们试图营救他，他们买通了狱卒，为他制订了周密的逃跑计划，只要他愿意，他就可以带着家眷远走他乡。但是令所有人吃惊的是，苏格拉底选择留下来。他说："我一生都致力于城邦的法律维护，如果我现在选择以违背法律的方式逃亡，岂不是对自己一生的嘲弄？"

临死前，他还在与朋友进行哲学讨论。他是饮毒酒而死的，在他端起酒杯一饮而尽之前，他对他的朋友说："分手的时候到了，我将死，而你们会活下去，哪一条路更好，唯有神知道。"说完，他一口喝干了毒酒。毒酒的作用渐渐发挥，他躺了下来，神志开始混乱。他对身边的朋友留下的最后一句话是："克力同，我欠了阿斯克勒庇俄斯一只鸡，记得替我还上这笔债。"

苏格拉底的死被人们看作为了真理而进行的殉难，而对他的判决也被视为民主制的悲哀。

柏拉图：哲学为王

善就是灵魂的和谐，善包含智慧、勇敢、节制、正义。

——柏拉图

柏拉图（前427—前347），古希腊哲学家，苏格拉底的学生，亚里士多德的老师。他曾经三次到意大利南部的西西里岛进行政治活动，企图影响叙拉古城邦的君主狄奥尼修父子，以实现其理想中的政治制度。政治活动失败后回到雅典，开办"柏拉图学园"，收徒讲学。其主要著作有《理想国》《法律篇》《斐多篇》《泰阿泰德篇》《智者篇》等。

柏拉图对整个西方哲学的影响是巨大而深远的，怀特海认为，全部的西方哲学不过是为柏拉图的思想做脚注。

理想国与叙拉古历险记

柏拉图二十岁左右便师从苏格拉底学习哲学。开学第一天，苏格拉底对学生们说："今天我们只学习一件最简单，也是最容易做的事：每个人把胳膊尽量往前甩，然后再尽量往后甩。"苏格拉底示范了一遍，"每天做三百下，大家能做到吗？"一年后，只有一个人坚持下来了，那个人便是柏拉图。后来苏格拉底被雅典民主派处死，柏拉图受到了很大的打击，对雅典失去了信心。于是，他到埃及、意大利等地游学，一边考察，一边宣传自己真善相统一的理想国政治主张。

柏拉图第一次来到叙拉古时，狄奥尼修还是个小孩子，他的近亲狄翁负责教育他，并且掌握着国家很大一部分的权力。于是，柏拉图设法与狄翁相识，并向他讲述了自己所设想的理想国家的蓝图。狄翁被柏拉图的雄辩说服了，很愿意按照柏拉图的设想在此建立这样的国家。但是，这个计划必须等到小国王长大了才能实现。狄翁本想让柏拉图在叙拉古传授知识，但柏拉图得到消息，雅典的政局又发生了变化，原来主张处死苏格拉底的人失势了。于是，柏拉图就离开叙拉古，返回了雅典。

十多年后，狄奥尼修长大了，由于经常听狄翁说柏拉图是一位很有学问的哲学家，有一套完善的治国方略，于是就派人到雅典去请柏拉图。柏拉图见狄奥尼修派人来请他，便以为实现自己理想的时候到了，就跟着使者来到了叙拉古。

柏拉图按照其理想国的构架向狄奥尼修讲叙治国方略，他认为一个理想的国家，必须建立严格的等级制度。最高一个等级是占人口少数的掌握统治权的贵族，第二个等级是为统治者服务和保卫城邦的军人，第三个等级是从事农、工、商业的农民、手工业者和商人。至于奴隶，只能像牲畜一样劳动，养活统治者，不属于"人"的范畴，因此不能列入社会的等级范围。

狄奥尼修问柏拉图，为什么社会要划分为这几个等级？

柏拉图说，神在创造这个世界时，用了各种不同的材料，君主是神用金子制造出来的，国王的军队是神用银子制造出来的，农、工、商人则是神用铜和铁制造出来的。因为神用的材料不同，所以这三种人在社会上也就分成三个高低不同的等级。

狄奥尼修听柏拉图说自己是神用金子制造出来的，心里很高兴。他又问柏拉图，既然不同等级的人是神用不同的材料制造出来的，那他们的品质有什么不同呢？

柏拉图回答说，他们的品质当然是不同的。最高地位的君主，拥有智慧这一品质，即君主是最有智慧的。这里说的智慧，是指掌握各门学问，懂得世界的本原是什么，也就是精通哲学。所以，君主应当是出色的哲学家。第二个等级的军人具有勇敢的品质，因此他们能承担保卫君主和城邦的重任。第三个等级的农、工、商从业者应当具有节制欲望的品质。

狄奥尼修本来是满心欢喜的，因为柏拉图把他越捧越高，但当他听到君主应当是哲学家时，就觉得味道不对了。他心想，自己虽然是君主，但还不是一个哲学家。按照柏拉图的理论，自己不就是没有当君主的资格了吗？而柏拉图是大家公认的出色的哲学家，岂不应该由他来当君主。想到这里，他心里十分不满，也就不愿意和柏拉图讨论下去了。

柏拉图本来很有信心说服这位年轻的君主，让他按照自己的理论在这里建设一个"理想国"，但没想到狄奥尼修不但不理解自己，反而待自己很冷淡。在叙拉古等了很久，仍不见狄奥尼修再次召见自己，柏拉图又回到了雅典，第二次叙拉古之行也以失败告终。

但是，柏拉图是那种不到黄河心不死的人，当狄奥尼修再一次派人去请他时，他还是满怀着希望来到了叙拉古。只是这次，狄奥尼修请柏拉图并不是想学习治国之术，而是想用他来封住老狄翁喋喋不休的嘴。因为柏拉图走后，狄翁感到很惋惜，天天在狄奥尼修面前唠唠叨叨地谈论柏拉图，弄得狄奥尼修十分头痛。后来他想，不如再把柏拉图请来，想办法让柏拉图听自己的，就不用再听那个老头子唠叨了。可是，柏拉图到来后，不仅没有按照狄奥尼修的意愿行事，反而和狄翁走得越来越近。这样一来，狄奥尼修和狄翁的矛盾，就因柏拉图的到来而越来越尖锐，狄奥尼修甚至怀疑狄翁想利用柏拉图来操控自己。他感到柏拉图是个危险的人物，可能会和狄翁串通起来推翻自己。于是，他先下手为强，派人监视柏拉图，并限制了他的自由。

柏拉图看到自己的如意算盘又一次落空了，便不愿留在叙拉古。于是，他向狄奥尼修请求让自己返回雅典。但是，狄奥尼修怀疑柏拉图会带着狄翁的使命去勾结其他国家来推翻自己的统治，就不准柏拉图走。柏拉图终于意识到，自己在不知不觉中已卷入叙拉古的政治斗争，弄不好会落得和自己老师苏格拉底一样的下场。于是，他想尽办法托人在狄奥尼修面前求情。最后，狄奥尼修同意让柏拉图离开，但既不派人送他走，也不让他一个人回去。刚好有一条斯巴达人的船要离开叙拉古，狄奥尼修就不管柏拉图愿不愿意，强令他上了这条船。

然而，斯巴达和雅典长期处于敌对关系，所以当船上的人听说上船的是一个雅典人时，就直接把他当作敌人看待。船在非洲的居勒尼靠岸后，这些斯巴达人便把柏拉图捆了起来，强拉到奴隶市场上卖掉了。这位把奴隶说成不是人的柏拉图，没想到今朝竟落到被当作奴隶买卖的下场。幸亏在奴隶市场上，有人认出了他，出了一笔钱把他救下来，并让他乘别的船回到了雅典。从此，柏拉图再也不敢冒险去实现自己的政治主张了。

走出洞穴的囚徒

在《理想国》中，柏拉图写下了这样一个意味深长的故事，以此说明哲学与哲学家工作的意义。

一群人世代居住在洞穴之中，犹如囚徒一样被锁住，不能走动、回头和环顾左右，只能直视着洞壁。他们身后有一堆篝火在燃烧，火与人之间有一堵矮墙，墙后有人举着雕像走动，火光将雕像的影子投在他们对面的洞壁上，形成了变动的影像。由于他们长期看着这些影像，便以为这些都是真实的事物。

但是有一个囚徒挣脱了铁链，回过头第一次看见了火光，就认识到影像与雕像不同——雕像比影像更真实。如果他被人拉出洞外，第一次看到太阳下的真实事物，也会再次眼花缭乱。他会先看到阴影，再看水中的影像，进而看各种事物，然后抬头望天，直到见到太阳，才知道太阳是万物的主宰。

柏拉图用洞穴中的囚徒来比喻世人把表象当作真实，把谬误当作真理。哲学家就是那些挣脱束缚走到洞外的囚徒，虽然解放的历程要付出极大的代价，但毕竟他们看到了真实的世界，不用一辈子活在黑暗之中。

然而，获得解放的囚徒并没有得到一个好的归宿。当回忆起往事，在庆幸自己挣脱束缚的同时，他便开始怜悯起他的同伴来。这些囚徒中最有智慧的，也不过只是善于捕捉倏忽即逝的影子、善于记住影子的形状、善于推测将出现的影子而已，所以仍然是个可怜虫。知道事物真相的人不会再留恋洞穴中的荣誉和奖赏，也不再愿意回到洞中做囚徒。但是为了解救那些还在洞穴之中的同伴，他义无反顾地回到了洞穴。可是，从光明的地方回到黑暗的地方，他已不能适应那里的生活了。别人因他看不清影子而嘲笑他，说他在外面弄坏了眼睛。没有人相信他在洞外看到的东西，于是他不得不竭尽全力和他们争论幻觉与真理、偶像和原型的区别。就这样，他激起了众怒，大家恨不得把他处死。

在柏拉图看来，知识并不是由他人从外面传授给我们的，不是后天获得的，也不是从灵魂中自发产生的，而是灵魂固有的，或者说是先于天地存在于我们灵魂之中的，只不过处于潜在状态，宛如梦境一般。我们不可能通过洞壁上的影像认识身后的事物，除非转过身来；我们不可能知道太阳是万物的主宰，除非被拉出洞外。这个比喻反映了柏拉图整个哲学思想的出发点和基本原则，即将世界二重化，划分为理念世界和事物世界，或可知世界和可感世界。黑格尔评价说，这是柏拉图哲学中最内在的实质和最伟大之所在。

女友和麦穗

有一位希腊青年，因找女朋友这件事而感到十分苦恼。他想要找一个全希腊最漂亮的姑娘做他的妻子，可是挑来挑去，总觉没有一个姑娘能令他称心如意。于是，他去请教柏拉图，如何才能找到一位称心如意的妻子。

柏拉图听了青年的问题后，什么也没说，而是带着他来到一片麦地，并对他说："你到麦地里去摘一根最大的麦穗，但是有一个要求，只准向前走，不准往后退。"

那位青年觉得有点奇怪，心想："摘麦穗和找女朋友有什么关系呢？不过既然柏拉图让我摘，那我就摘吧，说不定等我摘到最大的麦穗后，他真能帮我找一个全希腊最漂亮的姑娘来做我的妻子呢！"

青年走进麦地，才几步就发现一根硕大而饱满的麦穗，他本想把它摘下来回去交给柏拉图，可是转念一想，前面的麦穗还多着呢！说不定再往前走走还能找到更大的呢！于是他丢弃了那根已经抓在手中的麦穗，继续向前走。就这样，每当想要摘下一根麦穗时，他都会转念一想："说不定前面有更大的麦穗呢！"于是，他错过了一个又一个机会。眼看快要走到麦地的尽头了，他却发现眼前的麦穗是一根不如一根。现在他感到非常懊悔："早知道后面的麦穗一根不如一根，还不如在前面就摘了呢！"

走出麦地后，那个青年非常失望地告诉柏拉图，他没能完成任务。

柏拉图笑着问："难道在你走过这块麦地的过程中，没有碰到一根你合意的麦穗吗？"

"那倒不是，我曾经遇到过好几根我认为比较大的麦穗，可我心里总是想，前面的麦穗还多着呢！说不定在前面还能找到更大的麦穗！于是我就错过了一个又一个机会。"青年的情绪显得很是低落。

"是啊，找女朋友也是一样的。如果你发现了合你心意的姑娘，就应当当机立断地追求她。否则你总是想着自己还很年轻，全希腊美丽的姑娘多的是，说不定以后还能遇到比这个姑娘更漂亮的姑娘！这样你就会错过一个又一个的机会。"柏拉图语重心长地说。

那个青年低着头，认真地想了想说："你说得对！"然后，青年释然地笑了笑，便离开了。

亚里士多德：吾爱吾师，吾更爱真理

别人活着是为了吃饭，我吃饭是为了活着。

——亚里士多德

亚里士多德（前384—前322），柏拉图最优秀的学生，被西方人奉为古代最伟大的哲学家。他开创了逻辑学、物理学、美学等诸多学科，他的著作是古代的"百科全书"。他对西方世界的影响难以估量。

吾爱吾师，吾更爱真理

　　亚里士多德是柏拉图的得意门生。从十七岁开始，亚里士多德就进入柏拉图的学园学习，追随老师长达二十年之久。由于他勤奋刻苦，涉猎广泛，很受老师的重视。柏拉图曾经幽默地说："这个学园由两部分组成，其余所有的学生仅仅构成了学园的身体，亚里士多德则是它的脑袋。"柏拉图还说："要给亚里士多德戴上缰绳。"意思是，亚里士多德十分聪明，必须加以严格管教。

　　亚里士多德也十分爱戴他的老师，他曾在一首诗中表达对柏拉图的敬意：

　　在众人中，他是唯一的，也是最纯洁的。

　　但在哲学上，他并不唯老师马首是瞻，他勇敢地表达与老师的不同意见，常常批评柏拉图的错误和缺点，最后甚至和他发生了严重的分歧。柏拉图相信理念世界的存在，认为在我们现实的世界之外，还有一个永恒的理念世界，现实的世界是理念世界的影子，要认识世界就要认识理念。但亚里士多德认为这样一种观念只能把问题变得更加复杂，现实的世界在他看来就是最真实的。为此有人指责他背叛了自己的老师，但亚里士多德说："吾爱吾师，吾更爱真理。"这句话至今仍被许多人引用，是哲学家探求真理最著名的誓言。

逍遥的老师

柏拉图死后，亚里士多德应马其顿国王腓力二世之邀，前往担任他十三岁王子的老师。而这位王子就是日后建立了庞大帝国的亚历山大大帝。亚里士多德对亚历山大进行了认真而广博的教育，对他的影响很大。亚历山大大帝曾说过："生我的是父母，而使我明了如何生活才有价值的，则是我的老师亚里士多德。"

由于有了这样一位身份高贵的学生，亚里士多德的研究获得了很多便利。在亚历山大大帝的支持下，他创办了自己的学园——吕克昂学园。这几乎花去了八百塔兰特（每塔兰特约合黄金六十磅）。在学园里，亚里士多德建起了欧洲历史上第一个图书馆。亚历山大大帝还通令全国，凡是猎手或渔夫抓到稀奇古怪的动物，都要送到亚里士多德那里去研究。这使得他的学园在生物学的研究上也有着相当的成就。

亚里士多德的教学方式是独特的，他总是与人一边散步一边进行哲学探讨，他的身后总是跟着一群求知若渴的学生，为此，他和他的学生得名"逍遥学派"，即漫步哲学家的意思。

在那时的雅典城郊，人们经常可以看到满头白发的亚里士多德身边跟着十多位青年，他们或是在树林中逍遥自在地漫步，或是坐在山谷溪旁的大石块上热烈地讨论。

"老师，请您再讲讲三段论的大前提、小前提和结论……"

亚里士多德缓缓地说："我们希腊人有个很有趣的谚语：如果你的钱包在你的口袋里，而你的钱又在你的钱包里，那么，你的钱肯定在你的口袋里。这不正是一个非常完整的三段论吗？"

什么是领悟？

由于亚里士多德的许多观点过于深奥，不少学生都不能理解。据说有一天发生了这样一段对话：

一个学生鼓足勇气向亚里士多德提出了自己的疑惑：

"老师，为什么你的许多论点我们都不能领悟呢？"

"我想这是你们对我过于崇拜的缘故吧。"亚里士多德笑着说。

"怎么会呢？"学生显得更加疑惑了。

"这样吧，我来给你讲个故事，你就明白了。"亚里士多德说。

"从前，有一个樵夫，他对许多事都不能理解。一天，他像往常一样上山砍柴。突然，他看到了一只从未见过的动物从身边经过。于是他就想伸手抓住它。而这只动物名叫领悟，它的本领就是总能率先领悟出别人在想什么。樵夫刚一想抓住它，领悟就看穿了他的心思。于是樵夫又装作若无其事的样子，想等到领悟大意时再下手抓住它。但领悟依旧看穿了樵夫的心思。樵夫无可奈何，只得放弃，一门心思接着砍柴。过了一会儿，樵夫手中的斧子一不小心脱手，掉到了地上。他俯身去拾斧子时，却意外地发现斧子刚好压在了领悟的身上。于是樵夫毫不费劲地就抓住了领悟。"

故事讲到这里，亚里士多德问他的学生们："你们说，为什么樵夫想要抓住领悟时，总是不能如愿，而当他不经意时，却能够轻易地抓住它呢？"

见大家并没有作答，亚里士多德又接着说道："我们常常为了悟出真理而过于执着，又由这种执着而产生了迷茫和困惑。因此，我们只要恢复平常之心，顺应自然，真理就唾手可得。"

不给雅典第二次机会

亚历山大大帝去世之后，亚里士多德失去了他最大的庇护者。一些反对他的人就乘机诬陷他，指责他犯有"渎神罪"。而这也是当年雅典人给苏格拉底冠上的罪名。

亚里士多德得知后，立刻决定逃走。他的学生问他："老师，你为什么不向我们的祖师爷苏格拉底学习，到法庭上为自己辩护呢？"

亚里士多德回答道："是的，我对七十六年前苏格拉底的受审记忆犹新。但我不愿意重蹈他的覆辙，我不愿意像他那样死去。我不会给雅典第二次机会，让它犯下对于哲学的新罪行。"

亚里士多德的错误

亚里士多德有这么一句断言："两个铁球，一个 10 磅重，一个 1 磅重，同时从高处落下来，10 磅重的一定先着地，速度是 1

磅重的 10 倍。"这是他基于自己的物理学研究所做的推理。

　　由于亚里士多德在欧洲的崇高地位,人们一直将这句话奉为真理,想当然地认为不同重量的物体下落速度也一定不同。后来,另一位伟大的思想家、科学家伽利略对此表示了怀疑。他在著名的比萨斜塔上进行了实验:他拿出两个不同重量的铁球,从塔上抛下去,最终,这两个铁球同时落地,他证实了亚里士多德是错的。

　　亚里士多德虽然是个伟大的哲学家、科学家,但他也犯了不少错误。上述错误则是最广为人知的一个。

第欧根尼：犬儒主义者

我宁可发疯也不愿享乐。

——第欧根尼

第欧根尼（约前404—约前323），生于锡诺帕（今属土耳其），卒于科林斯。古希腊犬儒学派代表人物，崇尚禁欲主义，认为世界上除了自然的需要必须满足外，其他的任何东西，包括社会生活和文化生活，都是不自然的、无足轻重的。

请不要挡住我的阳光

这天，第欧根尼还是和以往一样，早上醒来后不肯起来，他一直躺在他的那个大桶里——哦，错了，因为那是个土做的瓮，希腊人通常用它来埋死人。他眯着眼睛，在科林斯温暖的阳光下尽情偷懒。由于他总是怪模怪样，言行举止也总是惊世骇俗，因此从他身边经过的人都用疑惑的目光看着他，小心地讨论着这个以捉弄人出名的人会不会又在琢磨什么新的恶作剧。

"唉，希望他能好运。"科林斯人为那个即将遇上第欧根尼的倒霉蛋默默祈祷。毕竟，第欧根尼捉弄人的本事在整个希腊尽人皆知，任何人在第欧根尼找上他的时候，都会提高一万倍的警惕，可惜却从没有人可以逃脱。不过他们似乎没发现，第欧根尼很少找上忙碌的人，他的捉弄对象通常是那些整日无所事事的人。奴隶制下的科林斯城邦里，整天游手好闲的人还是很多的。

第欧根尼大约是觉得自己躺够了，他伸伸懒腰，从自己的家，就是那只大瓮中爬出来，在科林斯的阳光下舒展了一下筋骨之后，决定先去找点吃的。这时突然跑过来一个人，拳打脚踢地揍了第欧根尼一顿，直到把第欧根尼打翻在地，那人才停手，说道："我是美狄亚，我欠你三千德拉马克。"但第欧根尼默不作声，只是爬起来拍拍身上的灰尘，头也不回地离开了。

第欧根尼来到郊外，想采集几颗无花果来吃。就在这时，守卫走过来说："嗨，第欧根尼，这些无花果是有主的。"

第欧根尼反问道："你认为万物属于诸神吗？"

"是的。"守卫回答说。

"那么智慧之人和诸神是朋友吗？"

"当然。"守卫点头。

"你认为朋友之间可以共享财产吗？"

"那是必须的。"守卫义气冲天地回答。

"好吧，既然你说这世间万物属于诸神，而智慧之人是诸神的朋友，按照朋友共享财产的原则，那么万物也就是智慧之人的财产，不是吗？所以这些无花果，我理所当然是可以吃的。"第欧根尼将采摘的无花果丢进自己的背包，然后离开了无花果园。

随后，他来到往常喝水的那条小溪边，蹲下身用手捧起水来喝。他本来是有一个水杯的，不过在他看到一个小孩用手捧着水喝时，他当即就把那个水杯砸了。他说："一个小孩在生活俭朴方面打败了我。"他吃饭用的碗也是这样被砸掉的，因为他看见一个小孩用一个空心的面包来盛扁豆。所以，他现在只能用手捧水喝，用面包把食物卷在一起，然后塞进口中。

吃完了早饭，第欧根尼开始了他每天必须在科林斯城内晃悠的行为。他看到阿那克西美尼在做演讲，于是从鱼摊上拿来一条鱼，开始演示如何做一条咸鱼。这时，所有人都被第欧根尼的行为吸引。阿那克西美尼见状，恼羞成怒，愤愤地下了台。第欧根尼哈哈大笑，说道："阿那克西美尼啊，仅仅是一条咸鱼就结束了你的演讲。"然后他将那条咸鱼丢在一旁，继续他在科林斯城里的漫步。

第欧根尼路过德尔菲神庙时，他对着弗里涅建的一座阿芙洛狄忒雕像注视良久，这时旁边有人大喊："第欧根尼，给这个雕像取个名字吧。"

"来自希腊的淫荡。"第欧根尼高喊道，根本不去看弗里涅被气得发黑的脸。

过了一会儿，一个路人拦住了他，问道："听说您自比为犬？"

"是的。"第欧根尼高兴地点点头，终于有人愿意和他谈论真正值得谈论的话题了。

"您是哪种犬呢？"陌生人问道。

"饥肠辘辘时，我是马耳他犬；酒足饭饱时，是摩罗西亚犬——它们都是为人称道的品种，不过因为人们担心太疲劳，从不敢带它们外出打猎，所以你们也不能和我一起生活，因为你们害怕不适。"

"您为什么要称自己是犬呢？"陌生人问。

"因为犬才是最自然的。"第欧根尼指着墙角的一条狗说，"你看那条狗，想睡就睡，想吃就吃，不需要用上锅碗瓢盆，也不需要按时按量地饮食。它们的生活自由自在，接近最真实的自然世界，因此也接近最真实的善。人也一样，当一个人困于世俗的种种道德准则和规章制度时，制度越多，他离自然就越远，他离善也就越远。在那世俗的种种繁华与绮丽当中，所有人都汲汲于各种物质。富翁永远担心他的财产缩水或者被盗窃，官员永远担心他有朝一日会丧失权力。那些好的出身和显赫声誉，以及所有这些优越之处，本质上都是邪恶的炫耀装饰。人被打上了将帅与帝王的印戳，事物被打上了荣誉、智慧、幸福与财富的印戳，而这一切，全都是破铜烂铁被打上了假印戳罢了。富人认为他们占有宽敞的房子、华贵的衣服，以及马匹、仆人和银行存款。其实并非如此。他们依赖它们，他们得为这些东西操心，把一生的大部分精力都耗费在这上面。而这些东西支配着他们。他们是这些东西的奴隶。为了攫取这些虚假且浮华的东西，他们出卖了自己的独立性——这唯一真实长久的东西。而你看那条狗，再看看我。我一无所有。我没钱，因此我不担心有人会来偷窃我的财产；我没权，因此我不担心有一天会被赶下台。我所有的一切都在这里，一个瓮、一个背包和一件披风。"

陌生人大叫道："你还是有东西的，你的瓮就是你的东西。既然你说你一无所有，那我就把这瓮砸了。"那个陌生人走到第欧根尼的瓮前，挥起木棍，将那个瓮砸了个粉碎。第欧根尼目瞪口呆，不过他一点儿也不在意。倒是旁边的其他路人看不下去了，他们要将那个陌生人送去法庭，审判他。

第欧根尼连忙对大家说："你们不要审判他，他说的话不无道理。虽然我已经将一切的物质都抛弃了，但最终我还是保留了最基本的生活物资。我虽然将自己的生活与狗相提并论，但最终我还是不能赤身裸体；虽然我也曾在公众场合行为粗鲁，但我还是遵守着这个城邦最基本的法律。因为我一向认为，如果没有法律，社会将不可能存在。因为如果没有城邦，开化的东西将无益可言。但城邦是开化的，而没有城邦的法律也毫无益处，因此法律是某种开化的东西。"

"所以，"第欧根尼稍停了停，接着说，"他说的并没有错，请你们放过他吧。"

科林斯的民众都对陌生人对第欧根尼的所作所为感到不忿，第欧根尼虽然很令人讨厌，但他却是个值得尊敬的哲学家，希腊社会最尊敬哲学家了。所以他们最后还是听从第欧根尼的话，放掉了那个陌生人，但在放掉他之前，他们狠狠地揍了他一顿，并让人重新打好一只瓮送给了第欧根尼，以代替他那个被砸碎的瓮。

当亚历山大大帝来到第欧根尼面前时，他看到第欧根尼缩在一个全新的瓮中，正眯着眼晒太阳，便对他说："我是伟大的国王亚历山大大帝，已知世界的王。"

可第欧根尼却很干脆地翻了翻白眼说："我是犬儒第欧根尼，哲学家，未知世界的主宰。"

亚历山大大帝好奇地问道："你做了什么事而要让人称你是狗呢？"

第欧根尼没好气地说："因为我对给我施舍的人献媚，对拒绝者狂吠，对流氓则大加嘶咬。"

亚历山大大帝谦逊地说："您可否来担任我的老师？"第欧根尼很干脆地拒绝道："免谈，我没兴趣。"

亚历山大惊奇地问道："为什么？你可知有多少人愿意做我的老师而不得？"

"我不知道，也不想知道。"第欧根尼掏掏耳朵说，"至于我为什么不想做你的老师，你看看那条狗。"

亚历山大顺着第欧根尼手指的方向看去，那里有一条癞皮狗正呼呼大睡。

　　"我称自己为狗，就是想让自己扔掉那一切的浮华，像条狗一般可以自由自在地遨游于自然。若当了你的老师，我就要遵守宫廷的规矩，每天按部就班地上下课，那将使我远离自然、远离善。"

　　亚历山大大帝只好作罢："那么，老师，我能为您做些什么呢？"

　　第欧根尼像赶苍蝇般挥挥手说："麻烦你让一让，不要挡住我的阳光。"

　　这时，第欧根尼突然从瓮里取出一副拳击手套，嘴里骂骂咧咧地冲了出去。原来，他看到了美狄亚。第欧根尼一把揪住美狄亚，一顿乱拳过去，将美狄亚打倒在地，然后再将他按在地上狠狠地揍了一顿，一边揍一边大声说道："我欠你三千拳，我欠你三千拳。"旁边的人们都哈哈大笑。

　　亚历山大大帝只好无奈地走了，一边走一边感慨："如果我不是亚历山大，我多希望我是第欧根尼啊。"

皮浪：怀疑论的创始人

最高的善就是不做任何判断，随着这种态度而来的就是灵魂的安宁，就像影子随着形体一样。

——皮浪

皮浪（约前365—约前275），古希腊哲学家，怀疑论的创始人。他认为由感觉或理性得来的知识都不可靠，因此，要认识客观世界是完全不可能的，甚至连客观世界是否存在也是可以怀疑的。他主张对任何事物都不下判断，"最高的善就是不做任何的判断"，认为这样可以避免许多纠纷，保持宁静的生活。当有人指责他的怀疑论哲学什么也告诉不了人们时，他回答说："我不能告诉别人我并不知道的东西。"

像猪一样不动心

皮浪对一切事物都漠不关心，他既不主动避免某些事情的发生，也不关注任何事情的发生。

在一个风和日丽的日子，皮浪和他的朋友们一起出海游玩。帆船出海时，船上所有人的心情都好极了，大家在一起有说有笑。可是，天有不测风云。过了不久，天上就翻滚着大片大片的乌云，海上的风浪也大了起来。帆船在大海中起伏摇晃，如同一叶浮萍，任凭风浪摆布。随着帆船的每一次颠簸，船上的人发出了一片惊叫声。

在这场大风暴面前，有的人吓得瘫软在船舱中，有的人不断对天祈祷，有的人不停地咒骂这个坏天气，还有的人始终在抱怨——抱怨自己命不好、抱怨天公不作美、抱怨帆船太轻、抱怨自己今天太倒霉……唯有皮浪一人，就像什么事都没发生一样。他仍然全神贯注地欣赏着大海的景色。同伴们的喧嚣、大海的怒吼、帆船的摇晃，对他而言就像不存在似的。

他的一个朋友看他还在那里傻愣愣地看着大海，怕他被狂风巨浪卷到海里，赶紧上前拉他，想把他拖进船舱。可皮浪却不愿意移步，他指着船尾正在安静吃食的一头猪说："聪明的人应该像猪一样不动心。"

　　皮浪的这句话让他的朋友哭笑不得。

伊壁鸠鲁：快乐哲学

快乐是最高的善。

——伊壁鸠鲁

伊壁鸠鲁（前341—前270），古希腊哲学家，伊壁鸠鲁学派的创始人。他成功地发展了亚里斯提卜的享乐主义，并将之与德谟克利特的原子论结合起来。其学说的主要宗旨就是要达到不受干扰的宁静状态。

神的悖论

伊壁鸠鲁接受并发展了德谟克利特的原子学说，从感觉经验出发，肯定现实世界是存在的。他认为世界是由无数个原子组成的，原子有三种运动：因重量而垂直下落的运动、稍微偏离直线的偏斜运动以及由此而产生的碰撞运动。这三种运动，经过复杂的组合，构成了整个世界的一切事物。

由此出发，伊壁鸠鲁提出了他对世界的唯物主义理解。在他看来，神是不存在的。即便存在，神也只不过是由原子组成的另一种事物，并不能对我们的生活造成任何干涉。

这种观点在当时无疑是惊世骇俗的，许多人都对此表示不满，纷纷上门与之辩论，试图说服这位唯物主义的哲学家。

有一天，一些极为虔诚的宗教信徒上门质问。

伊壁鸠鲁问他们："听你们说，世界上有神的存在，是吗？"那几个信徒连连点头称是。

伊壁鸠鲁说："那么，神只能有这三种可能性：神或是愿意但没有能力除掉世间的恶；神或是有能力但不愿意除掉世间的恶；神或是既有能力又愿意除掉世间的恶。"

那几个人想了想，也只得承认确实是如此。

伊壁鸠鲁又接着说："如果神愿意但没有能力除掉世间的恶，

那么，他就不算是万能的。而如果并非万能，那岂不是跟神的本性相违背？如果神有能力而不愿意除掉世间的恶，那么，这就证明了他的恶意，而这种恶意同样是和神的本性相矛盾的。如果神愿意而且有能力除掉世间的恶（这是唯一适合神的本性的一种假定），那么，为什么在这种情况下世间还有恶呢？"

至此，伊壁鸠鲁得出了最后的结论："神，是不存在的。"而那几个信徒也只好承认伊壁鸠鲁说的确实有道理。

什么是快乐？

伊壁鸠鲁学成之后，在雅典买了一栋房子，又建了一座花园，过着平静的生活。在这座花园里，他收徒授学，这座花园便成了伊壁鸠鲁学派的象征，人们将其称为"伊壁鸠鲁花园"。

花园建成之后，成员很快就多了起来。他的三个兄弟都来帮他照管这座学园。除了来拜师的弟子，他的一些朋友也带着他们的妻儿老小来投奔他，甚至还有从萨摩斯岛逃难出来的奴隶和妓女也到这里来投奔他。

伊壁鸠鲁之所以来者不拒，是因为他认为友情比什么都可贵。可是由于伊壁鸠鲁花园里的人实在太多了，所以他的这个团体只能过着十分清贫的生活。这里所有成年人的饮食，只有面包和清水，偶尔有点奶酪。有人劝他把那些不相干的人请走，以免影响他自己的生活质量。可伊壁鸠鲁说："当我靠面包和水过活的时候，我全身都洋溢着快乐。我轻视奢侈的快乐，这倒不是因为讨厌奢侈本身，而是因为若沉溺于奢侈，种种不幸就会随之而来。"

有一天，他的一个学生问他："老师，我经常听你说起人生应该快乐。那么究竟什么是快乐呢？"

伊壁鸠鲁回答说："人生的最大目的就在于追求幸福，这就是快乐。快乐是指身体的无痛苦和灵魂的无纷扰。快乐可以分为肉体的快乐和心灵的快乐这两类。肉体的快乐是饮食男女所能给人带来的欢快，而心灵的快乐就是对肉体快乐的观赏。"

他的学生接着问道："饮食男女的快乐，我们应该追求吗？"

伊壁鸠鲁回答说："饮食男女的快乐应该有节制。因为不节制这种快乐的后果，不是快乐，而是痛苦。胃可能是饮食快乐的根本，但是大吃大喝的后果便是使自己得了胃病，而得了胃病以后的痛苦，完全压倒了饮食的快乐。"

接着，伊壁鸠鲁又谈到了性爱的快乐。他说："性爱是最激烈的快乐之一，但是性交从未对人产生过好处。只要它不伤害人，这就已经算是不错的了。"

他的学生又问他："难道就没有什么是真正的快乐了吗？"

伊壁鸠鲁说："我要追求的是宁静的快乐，而不是激烈的快乐。我们在追求快乐时，应该审慎地选择和权衡利弊，否则快乐就是一句空话。明白了这一点，你就会懂得我们的花园为什么总是吃面包和水，只有在节日里才有一点儿奶酪了。同样，渴望财富和荣誉也是徒劳无益的，因为这些东西会使一个本来内心可以得到满足的人，产生一种不安宁的感觉。真正的快乐当然有。最可靠的社会快乐就是友谊。友谊和快乐是分不开的，没有友谊，我们就不能安然无恙地生活，也不能快乐地生活。正因为这样，我们才要培植友谊。"

"老师，您认为心灵的快乐到底是什么呢？"

"前面我已经说过，心灵的快乐就是对肉体快乐的观赏。心灵的快乐唯一高出肉体快乐的地方，就是我们可以学会观赏快乐，而不是观赏痛苦。因此比起肉体的快乐来，我们更能控制心灵的快乐。"

"那么一个身体上痛苦的人难道就永远感受不到快乐了吗？"这个学生接着问。

"身体的痛苦显然是件大事。可是快乐的量的极限，就是要使一切能够产生痛苦的事物都被排除出去。在快乐存在之处，只要快乐在持续着，那么身体的痛苦或是心灵的痛苦，或是这两者，就都是不存在的。久病本身，对于肉体有比痛苦还多的快乐。"伊壁鸠鲁的回答令人费解。

学生只好进一步问道："老师，您的意思是不是说，我们应该苦中取乐？"

"是的，我终身受到疾病的折磨，可是我学会了以最大的勇气去承担它。一个人甚至在受到鞭挞的时候，也是可以感受到快乐的。有时，我虽然经受了难以想象的痛苦，可是每当我回忆起我和我的朋友的那些谈话时，我的内心总是感到非常快乐。因此对于长时期的痛苦，我们完全可以靠着心灵的训练，不管身体的痛苦而只是想着我生命中那些幸福事物的快乐。最重要的是，应该避免生活在恐惧之中。"

"如果每个人都追求自己的快乐，那么这个世界不是就会变得混乱了吗？"这个学生想到了另一个跟快乐有关的问题。

　　"我承认，任何时代的人都只追求自己的快乐。有时候他们追求得很明智，有时候又追求得很不明智。但是，每一个人在追求自己快乐的时候，都不应该去做那些破坏国家和社会利益的事情。这就是我合理的快乐主义的思想。国家就应该保护公民都能生活得快乐。"

　　"老师，您认为快乐是可以学习的吗？"这个学生问了他最后一个问题。

　　"快乐是可以学习的。学习快乐最重要的就是要有自然科学的知识。一个人没有任何自然科学的知识，就不能享受无忧的快乐。如果一个人不知道什么是宇宙的性质，而是生活在对那些关于宇宙之事的恐惧当中，对于这个人来说，排除对所谓最主要事物的畏惧，就是不可能的，他当然也就不能感受到快乐了。你学习我的哲学的最大好处，就是可以使你免受那些可能激起你种种恐惧的各种各样信仰的影响。"

布鲁诺：烈火不能征服的哲学家

科学是我心中的温暖和愉快，你使我无所畏惧，视死如归。入狱者虽难得重见天日，你却能把锁链和铁窗粉碎！

——布鲁诺

布鲁诺（1548—1600），文艺复兴时期意大利天文学家、哲学家。他捍卫和发展了哥白尼的日心说，认为宇宙是无限的，太阳系只是无限宇宙中的一个天体系统，太阳只是太阳系的中心。他创立了自然主义泛神论的哲学体系，认为自然界即神，构成自然界中一切事物的最小单位是"单子"。因坚持人们有怀疑宗教教义的自由，坚持反对经院哲学，于1600年2月17日被宗教裁判所烧死在罗马鲜花广场。

他临刑前的遗言是："火并不能把我征服，未来的世界会了解我、懂得我的价值。"

罗马鲜花广场的悲剧

罗马鲜花广场，这个充满诗意的名字，却曾经与令人发指的罪恶联系在一起。这里是中世纪和文艺复兴时期罗马最有生机和最粗暴的地方。在这里，红衣主教和贵族夹杂在渔夫中间，穿梭于广场的集市上；在这里，卡拉伏吉奥因为输了网球赛而杀死了他的对手。这个广场还是当年执行死刑的地方。今天，这里却成了罗马人长期举行活动的中心。色彩斑斓的市场、各色各样的餐饮店、现代气息的酒吧，使得这里充满了新的生机。广场中心有一尊铜像，是 1889 年为了纪念一位为真理而殉难的英雄而建立的。这位不朽的英雄就是布鲁诺。

布鲁诺还在圣多米尼克修道院学习的时候，有一次和同伴拿意大利诗人阿里奥斯托的一本诗集作耍，想看看各自将来的命运如何。结果布鲁诺一下子就翻到了《疯狂的罗兰德》一诗，并一眼看到这么一行：

一切法律、一切信仰的仇敌……

这行诗弄得大家目瞪口呆，惶惶不安。想不到这件闹着玩的事儿竟预言了布鲁诺一生的命运，他的一生都是在与教会的斗争中度过的。1576 年，二十八岁的布鲁诺走投无路，毅然决定脱下修道士袍，离开罗马，开始其长年的漂泊生涯。他辗转法国、瑞士、英国和德国，每次都因教会的迫害而不得不迁往其他地方。后来，布鲁诺回到威尼斯，却被朋友出卖而遭到逮捕，此后落入宗教裁判所，被囚禁了长达八年之久。在狱中，布鲁诺受尽折磨，但他英勇不屈，不畏迫害，明确宣布自己没有做任何会让自己后悔的事情。他说："在真理面前，我半步也不退让！"最后，教会以"异端分子和异端分子的老师"的罪名，于 1600 年 2 月 17 日，在罗马的鲜花广场对他处以火刑。

布鲁诺的主要著作有《论无限、宇宙和众多世界》《论原因、本原与太一》《诺亚方舟》《灰堆上的华宴》《论英雄热情》等。在这些著作中，布鲁诺集中阐明了自己对宇宙的理解，建立了泛神论的哲学体系。布鲁诺认为，自然界有两种实体，即形式和物质。但形式不能脱离物质而独立存在。物质世界是在"世界理智"的作用下运动和变化的，所谓"世界理智"是作为形式本原的世界灵魂的一种能力，而世界灵魂又是内在于作为物质本原的宇宙之中的。这样，包括一切的统一体宇宙就成为"太一"。这个宇宙，既是统一的，也是无限的。对于这个"太一"，布鲁诺称之为"神"，但这只是一种称呼，既没有人格，更不是万能的上帝或者宇宙的主宰。在这个意义上，布鲁诺被称为彻底的泛神论者。对于人的认识，布鲁诺将它分为四个阶段：感性、知性、理性和心灵。他认为感性是认识的开端；知性的任务则是运用抽象概括和推论的能力，从特殊中抽象出一般；理性的任务是主动地、积极地整理知性活动的成果，把知性得出的一般论断提升成原则原理，从而认识到事物的实体同一性；心灵作为认识的最高能力，则是对普遍实体的直观。只有在心灵中,神或自然的本质才会生动地表现在认识的面前。人达到了对一切存在的本质,对对立统一的、无限的宇宙的最高认识。这种认识的过程不会完结,因为智慧的力量永远不会停留在已经被认识的真理层面,总是向着尚未被认识的真理前进。

布鲁诺的哲学思想和追求真理的精神对后世的影响十分巨大。1889 年,罗马人为了纪念这位真理的殉难者,在罗马鲜花广场上为他塑立雕像,在台座上镂刻着这样的献词:

献给乔尔丹诺·布鲁诺。

——他所预见到的时代的人们

弗兰西斯·培根：知识就是力量

活着就要学习，学习不是为了活着。

——弗兰西斯·培根

弗兰西斯·培根（1561—1626），英国哲学家、自然科学家、逻辑学家、历史学家和国务活动家，近代归纳法的创始人。他也是对科学研究程序进行逻辑组织化的先驱，因此，他在哲学史上占有非常重要的地位。他曾因受贿罪被起诉，并被关进伦敦塔监狱，晚年被迫离开政坛专门从事著述，最终因做冷冻试验受风寒而死。

马克思评价他是"英国唯物主义和整个现代实验科学的真正始祖"。

简单归纳法的困境

在培根之前，归纳法只是简单的枚举法，这种方法禁不起科学的推敲。有一次，培根给人们讲了一个故事，来说明简单枚举法的困境。

有一天，一位户籍官要登记威尔士某个村庄全体户主的姓名。他从村子的东头开始逐户进行登记。在登记第一户时，户主告诉他自己名叫"威廉·威廉斯"。于是这位户籍官郑重其事地在他的登记表上写下了这个户主的姓名。

到了第二家，他问户主的姓名，户主告诉他："我叫威廉·威廉斯。"

那个户籍官看了他一眼说："你也叫威廉·威廉斯？"

"是的，我叫威廉·威廉斯。"户主回答道。

到了第三家，他问："姓名？"

户主回答道："威廉·威廉斯。"

"什么？你也叫威廉·威廉斯？"户籍官有些疑惑。

"是的，我叫威廉·威廉斯。"户主十分肯定地说。

户籍官依然非常认真地把户主的姓名写到登记表上。到了第四家，户籍官心里想，大概这家的户主也叫"威廉·威廉斯"。当他问户主的姓名时，户主大声说道："威廉·威廉斯。"

"哈哈！果然不出我所料，这位户主也叫威廉·威廉斯。"户籍官心里暗暗高兴，"不用说，第五家户主肯定也叫威廉·威廉斯。"

"你叫威廉·威廉斯，对不对？"户籍官这次直接自己问了。

"是啊，我叫威廉·威廉斯。长官，你是怎么知道的？"户主有点奇怪。

"我是根据一种叫简单枚举法的科学方法推理而知的。"户籍官答道。

果然，第六家户主确实也叫威廉·威廉斯，再次证明了这种科学方法的有效性。于是，户籍官心想："由此看来，这个村庄所有户主都叫威廉·威廉斯。既然如此，我何苦费心费力、挨家挨户地登记呢？干脆，我把表格上所有的户主姓名都写成威廉·威廉斯，不就完事了吗？"想到这里，户籍官就快速地填完了登记表，然后回家休息去了。

过了几天，上级长官把他叫到办公室问道："你到那个村庄挨门逐户地进行登记了吗？"

"报告长官，我没有完全挨门逐户地进行登记，但我使用了一种科学的方法，保证不会出错。"户籍官理直气壮地说。

"可是为什么有一个叫约翰的户主在登记表上没有他的名字呢？"长官问。

"什么？这个村庄所有的户主都叫威廉·威廉斯，没有叫约翰的。"户籍官回答说。

"哼！你自己看看吧！"长官把一份之前的纳税表扔给了他。这位户籍官一看，不禁目瞪口呆，因为在这张表格上，明明白白地写着约翰的名字。

"这是怎么回事……"户籍官想不明白，根据简单枚举法得到的结论，为什么还会出错呢？

培根讲完这个故事，就对大家说："从这位户籍官所犯的错误中，我们可以得出什么结论呢？那就是单纯地依靠简单枚举法是不行的。如果我们无条件地信赖这种方法，我们的认知就可能走上岔路，因此必须找到一种比简单枚举法更高明的归纳法。"后来，培根果然构建出了比较完整的归纳逻辑的理论框架。

蚂蚁、蜘蛛和蜜蜂

有一天，培根做了一次题为"蚂蚁、蜘蛛和蜜蜂"的演讲。演讲一开始，他风趣地问大家："你们都见过蚂蚁、蜘蛛和蜜蜂吗？"

大厅里立刻发出了一阵阵哄笑声。

"蚂蚁、蜘蛛和蜜蜂，这些大家都知道，可是你们谁能够说出它们在方法论上各有什么特点和意义吗？"培根问道。

全场立刻安静了下来。

培根环顾了四周后，慢条斯理地说："蚂蚁是非常勤劳的小动物，你们不是看到它们整天都是忙忙碌碌的吗？它们整天忙于把食物从外面搬回自己的窝里，贮存起来以备过冬。蜘蛛则整天忙于吐丝织网，从自己肚子里面往外吐东西。蜜蜂则忙于采花粉，吃进肚子里以后又把它们吐出来，酿成蜂蜜。从方法论的角度来说，蚂蚁的方法是知识搬家，蜘蛛的方法是搜肠刮肚，而蜜蜂的方法则是消化、吸收和创造。"培根用简单的比喻，就把深奥的方法论问题说得很清楚。

"有一些人做学问，实际上就像蚂蚁一样，自己没有什么新见解，只是把前人说的那一套东西，照样搬过来用。可见蚂蚁的这种做法，对于新知识的积累，一点好处也没有。

"还有一些学者做学问，就像蜘蛛一样。蜘蛛的情况和蚂蚁很不相同，蜘蛛型学者只知道闭门造车，自己在书斋里面冥思苦想，搜肠刮肚地'创造知识'，可惜他们'创造'出的知识是非常肤浅的，因为他们没有充分利用前人的知识成果。

"而蜜蜂型的学者知道，知识的积累对于创造新的知识具有非常重要的作用，因此他们对前人的经验非常重视，但是他们又不对前人的知识完全照搬照抄，而是经过了一番去粗取精、去伪存真的分析、鉴别、整理的过程，然后才形成自己的独特见解。

"因此，我提倡所有的学者都向小蜜蜂学习，不但要在前人积累起来的知识花园里辛勤采集，还要把花粉酿造成蜂蜜。"

培根的这个关于"蚂蚁、蜘蛛和蜜蜂"的故事，就这样一直流传至今，成为引导人们创新的方法论。

传奇人生

培根的父亲死后，没有给他留下足够的遗产，这使得他的生活变得很拮据，于是他恳请当首相的姨父比莱格勋爵帮他谋一个职位。然而比莱格拒绝了他，他必须像所有贫寒的大学生一样从零开始。后来，他取得了律师资格证，但人们却不承认他是一个法学家，因为他把哲学观点带进了法学。一次，一名惯匪请求培根救他一命，理由很可笑："我叫 Hog（猪），你叫 Barcon（熏肉），我们是亲戚。"培根机智地回答："朋友，如果你不被绞死，我们就不是亲戚，因为猪死了之后才能变成熏肉。"

后来，培根遇到了他生命中的贵人。伊丽莎白一世的宠臣埃塞克斯伯爵很欣赏他的才华，屡次向女王推荐他，于是他很快得到了女王的赏识。有一次，长期生活在富丽堂皇的王宫中的女王心血来潮，亲临培根的家，她没有想到培根的住宅会这样简朴，于是惊叹道："你的住宅太小了！"培根则耸耸肩，平静地说："陛下，这是因为您光临寒舍，才使得它显得小了。"后来，因为政治上的分歧，埃塞克斯与女王产生了不可调和的矛盾，培根选择背叛朋友，站在了女王这一边。最终，埃塞克斯被处以死刑。

新国王詹姆士一世登基，给培根带来了新机会，新国王表示自己喜欢哲学，而培根则向他保证，自己一辈子都会献身于哲学。国王任命培根为皇家律师、总检察长、掌玺大臣、大法官，又封他为韦鲁拉姆男爵、圣奥尔本斯子爵。可就在培根受封子爵后三天，下议院的议员与国王的代表争执起来，议员们开始议论国王和大臣们的特权，又抱怨司法不公。在培根的政治仇敌爱德华·库克的授意下，议员揭发了一场重大的舞弊行为，矛头直指大法官培根。权衡之后，国王决定弃车保帅，让培根充当下议院怒气的替罪羊。生性懦弱的培根对所有的指控供认不讳，他被罚款、免除贵族称号，被剥夺了担任公职、参加议会和进入宫廷的权利，然后被监禁在伦敦塔。

出狱后的培根生活困窘，穷得甚至喝不起啤酒。而如果没有啤酒，培根就睡不着觉。他还有一些怪癖，例如相信月亮能对健康产生作用，或者在春天下雨时坐着敞篷马车外出。

培根是被他的好奇心害死的。他非常喜欢研究自然，甚至不顾及自己的健康，把大部分时间用来做试验。1626 年 4 月 2 日，外面下着大雪，培根便想试验雪对防止有机物质腐烂的作用。于是，他去买了一只刚刚宰杀好的鸡，亲手把鸡埋在雪里。但是，寒冷的天气让他患上了重感冒。身体的不适使他甚至支撑不到回家，只好就近到阿伦德尔伯爵家栖身。他给在外地的伯爵写了一封信，说他差点遇到与普林尼（古罗马学者，为了考察维苏威火山的喷发，在接近火山时死去）同样的结局，他也没忘告诉伯爵试验成功了。这是他亲手写下的最后一句话。一个星期后，培根离开了人世。他的墓志铭是这样的："我把灵魂留给上帝，把躯体留给黄土，把名字留给未来的时代和异国他乡的人们。"

霍布斯：一切人生来平等

> 不带剑的契约不过是一纸空文，它毫无力量去保障一个人的安全。
>
> ——霍布斯

霍布斯（1588—1679），英国杰出的唯物主义哲学家，被列维－斯特劳斯称为"现代政治学之父"。他出身于一个牧师家庭，从小就显露出惊人的才能。十四岁考入牛津大学，学习经院派逻辑和亚里士多德哲学。英国资产阶级大革命初期，他成为大资产阶级和新贵族的哲学代言人，反对"君权神授"的观点。由于害怕受到牵连，霍布斯于1640年英国革命爆发前逃亡到法国。后来，由于出版《利维坦》一书宣传无神论而受到教会的迫害。他生命的最后二十年是在不停地进行思想活动及哲学、数学、神学和政治学上的争辩中度过的。

什么是自由意志？

从哲学的观点来说，霍布斯是严格的决定论者，认为"一切经验的发生和将要发生的结果，都在先行的事物中有其必然性"。但是，伦敦的布兰霍尔主教对他的自由意志观点十分反感，为了维护宗教信仰的权威，他给霍布斯下了战书，要和霍布斯公开辩论关于自由意志的问题。霍布斯欣然前往。

布兰霍尔主教首先发表演讲："所有基督信徒都知道，自由的意志只能属于上帝，而不属于任何一个人。我们作为上帝的臣民，只能俯伏在上帝的脚下，听从上帝的召唤。我们的意志以上帝的意志为意志，我们的自由以上帝的自由为自由……"布兰霍尔主教不仅拥有一副有磁性且低沉的嗓音，而且具有惊人的演说天赋，所以不等他话音落地，全场就爆发出一阵阵热烈的掌声。

下面轮到霍布斯发表演说了，只见他向在场所有的人礼貌地鞠了一躬后，若有所思地说："我认为，在讨论自由意志之前，我们必须先把什么是自由意志这一问题搞清楚。"

在场的人们一下子被霍布斯的这个问题问住了，许多人都在窃窃私语："什么是自由意志？对于这个问题，我们确实没有很好地考虑过。"

"所谓自由意志，无非是经过深思熟虑后，余留下来的欲求或厌恶。"霍布斯等会场略微安静后，明确地提出了自己的观点。

"请大家注意，这就是所谓哲学家惯用的伎俩，他们总是用一些谁也听不懂的话来蒙蔽大家。谁都知道什么是欲求、什么是厌恶，可是谁能知道什么是'余留下来'的欲求和'余留下来'的厌恶呢？"布兰霍尔主教插话了，显然，他是在别有用心地引起听众对霍布斯观点的不满。

"任何人在任何时候，都有可能在思想中产生出某种念头，这种念头可以从小到大。当这种念头还处在微小的根芽状态时，它的发展必然会受到某种作用的影响。如果它趋向什么，那就可以称之为欲望，或欲求；如果它躲避什么，那就可以称之为厌恶。"霍布斯对布兰霍尔主教的插话不屑一顾，并继续对自己提出的"欲求"和"厌恶"做了界定。

霍布斯看到听众没有什么排斥他的反应，就继续说："我认为，爱和欲望是一回事，憎和厌恶也是一回事。某样东西如果是欲望的对象，那么它就是'好'的；反之，如果它是厌恶的对象，它就是'坏'的。所谓的自由，是指在不受外界阻碍的时候，根据它本来的必然趋向而运动的状态。水流如果没有石头的阻挡，那么它的必然趋向就是流下山岗，从高处向低处流淌。自由的意志，也就是人的欲望和厌恶在不受任何外在力量作用时的必然状态。"

布兰霍尔主教有点儿按捺不住了。他不顾辩论的规则，抢着说道："刚才霍布斯先生所说的'好'和'坏'，并不是以上帝的意志为标准的。那就必然会产生一个问题：如果你认为是'好'的东西，而另一个人却认为是'坏'的东西，那不就麻烦了吗？因此，我们大家都要以上帝认为的好和坏来作为我们评价事物好坏的标准，只有这样，这个世界才会宁静。"

布兰霍尔主教提出以上帝的标准作为一切事物好坏的标准，马上得到了许多教徒的赞同。

"如果真的能够做到以上帝的标准衡量事物的好坏，这当然很好。但是这在现实中是完全不可能的，正因为人们并不是以上帝的标准作为自己的评价标准，所以在现实生活中，才有这么多的战争、这么多的明抢豪夺。只要我们是现实主义者，就不难看出现实的世界是多么残酷，多么无情。"霍布斯这些带着强烈感情色彩的语言，也赢得了全场的喝彩。

狼吃不吃人？

有一天，霍布斯到郊外去散步，看见牧羊人正在放牧。忽然，牧羊狗发出了一阵咆哮声，羊群也显得躁动不安。牧羊人警惕地注视着远处山上的动静。

"究竟发生了什么？"霍布斯走过去问牧羊人。

"可能是山上有狼的动静。"牧羊人回答说。

"狼是非常凶狠的吗？"

"那当然。"牧羊人很奇怪，这个人怎么连狼是凶狠的动物都不知道。

"狼要吃羊吗？"霍布斯又问。

"我们村里的羊经常被山上的狼吃掉。"

"那狼吃不吃人呢？"

"哪里有不吃人的狼呢？"牧羊人对于霍布斯没完没了，又如此好笑的问题感到有些厌烦了。

霍布斯听了牧羊人的回答后，站在原地自言自语道："狼要吃羊，狼要吃人，那么人会不会吃人呢？"

"人对人会不会像狼一样呢？"那段时间，霍布斯正在研究国家和社会的起源问题，因此，他自然就把人类社会起源的问题和狼、羊的问题联系起来了。在回家的路上，霍布斯反复琢磨着这个问题。

"我们是不是可以思考在人类社会还没有产生以前的'自然状态'呢？"

"在'自然状态'中，应该说，所有的人生来都是平等的，每个人对于一切事物都拥有权利。

"可是，这种平等一定不会长久地持续下去。那么究竟是什么因素破坏了这种平衡状态呢？

"贪欲。对，正是贪欲扰乱了人类社会原初的那种平衡。人在贪欲的支配下，必然会爆发一场一切人反对一切人的战争。在这场战争中，每个人都可以为所欲为，既无所谓的合法，也无所谓的不合法。"霍布斯找到了"贪欲"这个最初的破坏性根源。

"可是战争的结果又如何呢？它对人类究竟是有利还是有害的呢？它应该不总是有利于人类社会发展的。因为，每个人都无法在这场战争中完全获得自己想拥有的东西。所以，每个人对一切都拥有权利，实际上等于每个人对一切事物都不拥有权利。这种状态的持续必然会引起人们的恐惧和怨恨。人们确信这种一切人反对一切人的战争对自己极其有害，甚至会危及人们生命时，就必然会越出这种状态去寻求'和平'。"想到这里，霍布斯头脑里的思路便越来越清晰了。

"'自然状态'显然不能成为'应然状态'，它必须被我们抛弃掉。如果人们愿意放弃自己对一切事物固有的权利，那么会是怎样的情形呢？"

"契约！一定是通过契约，人们达成了某种共识。人们可以通过契约联合起来，并在契约中具体地规定每个人应该享受的权利和应该承担的义务。"霍布斯一下子想起了英国这个商业国家一种非常普遍的商业行为——契约。

"可是，不带剑的契约不过是一纸空文，它毫无力量去保障一个人的安全。

"应该由一个公共的权力机构或是团体来保证契约得以实现，这个团体应该有惩罚那些不遵守契约的人的权力，并且，这个团体还应该有一种精神上的凝聚力，这就需要使许多人的意志服从一个人的意志。

"对，为了维护和平，唯一的出路就是把过去每个人手中都拥有的权力集中到一个人手中，从而把所有人的意志变成一个人的意志。于是，所有的人格就联合成了一个'人格'。也因此，国家就形成了。"想到这里，霍布斯感到豁然开朗，他将这些思考最终写成了《论公民》一书。

笛卡尔：我思故我在

真理永远只青睐那些勤奋好学的人。

——笛卡尔

笛卡尔（1596—1650），出身于法国安德尔－卢瓦尔省的一个旧贵族家庭。他是近代哲学的创始人，提出了"我思故我在"的命题，建立了心物二元论，对后世的莱布尼茨、斯宾诺莎乃至康德等人都有影响。黑格尔称他是"近代哲学的倡导者"，认为"是他替哲学奠定了稳固的根基"。人们在他的墓碑上刻下了这样一句话："笛卡尔，欧洲文艺复兴以来，第一个为人类争取并保证理性权利的人。"

三个梦与真理之神

1619 年 11 月 10 日，对笛卡尔来说，那绝对是个极为特殊的日子。在那个晚上，笛卡尔和往常一样安然地进入了梦乡。但这次，他没有像往常一样一觉睡到天亮。这个晚上，也许是他在醒着的时候思考了太多的问题，以至于他已经躺到了床上，但他的脑袋仍然在高速运转，直到他蒙眬地睡去。这晚，他做了三个梦，三个他醒来之后仍然记忆犹新的梦，三个改变了他的一生，同时也影响了整个近代科学发展的梦。

在第一个梦里，笛卡尔收到了一个甜瓜。他在大街上走着，努力向左偏斜以克服身体右倾的毛病。突然，他受到了暴风雨的袭击，被风吹到了教堂。

然后是第二个梦，他听到了震耳的雷声，这雷声使他惊醒，但随即又安然地睡去。

第三个梦，也是最具内涵的梦。在梦中，笛卡尔看到了一本书，仿佛是辞典，旁边还有一本诗集。他翻看着诗集，随后读到一行拉丁文的诗句，意思是："在生活中我要走什么路？"然后一个陌生人要他注意一首以"Est et non"开头的诗。笛卡尔回答说，他也知道这首诗。他还告诉这个陌生人，他知道同一个诗人写的另外一首更优美的诗，开头是"……我要走什么路？"。陌生人要笛卡尔找给他看，笛卡尔却没有找到。这时他发现了一些小雕像，却没有一个是笛卡尔认识的。刹那之后，这个陌生人和雕像都不见了。

笛卡尔从梦中醒来之后，躺在床上仔细琢磨着这些梦的启示。巴伊叶在《奥林匹卡》中转述的笛卡尔的解释是这样的：

第一个梦里送给笛卡尔的甜瓜象征着"孤独的魅力，但由纯人性的吁求所呈现"。将跟跟跄跄的漫步者吹向教堂的风不是别的，正是一个恶鬼，尝试着"强迫把他抛入他本想自愿走去的地方。出于这个缘故，上帝不允许他被上帝未曾派遣的精灵卷裹而去，哪怕是飘往神圣的地方"。

第二个梦里的打雷声，是"真理之灵降临于笛卡尔，附着于他身体的信号"。

第三个梦里面，辞典象征着"全部科学的综合"，诗集代表哲学加上智慧。因为笛卡尔"不认为看见以下事件值得大惊小怪：诗人——哪怕是废话连篇的诗人，出口成章，句句都比哲学著作更为庄重且更为合理，表达也更为精妙。他认为这神奇之功全在于狂热之神与想象之力，这就使得智慧的种子（人人心灵中本来就具有，就像火花蕴藏在石子里一样）比理性之于哲学家，更容易萌发得多，也更为灿烂得多"。诗句"……我要走什么路？"是一位智者的忠告，而"Est et non"即毕达哥拉斯的"是与否"，代表着人类科学知识中的真理和谬误。因此，笛卡尔认为，是"真理的精神"通过梦向他开放通往所有科学宝库的道路。

致命的仰慕

笛卡尔的死颇有戏剧性——一个仰慕他的人使他客死异乡。笛卡尔身体状况非常糟糕，笛卡尔的母亲在生下他十三个月后就去世了，原因是得了肺病。笛卡尔遗传了他母亲那苍白的面色和干咳的病症，弱不禁风。许多医生都断言，这个孩子活不了多久。因此，抚养他的外祖母将他像棵幼苗一般养在温室里，精心地照顾他，甚至连与其他孩子玩乐都不允许。后来笛卡尔进了拉弗莱什学校，他的父亲将他托付给当时校长的远房亲戚查莱教父，查莱教父给了笛卡尔不少的特权。因为查莱教父发现笛卡尔有一个天生爱沉思的头脑，同时也为了照顾笛卡尔糟糕的身体，让他不用太早起床。渐渐地，笛卡尔养成了早上睡醒之后仍然躺在床上沉思冥想的习惯。笛卡尔觉得，每天早晨醒来时是心灵最活跃的时候，仿佛一切的力量都被唤醒了。

中国有句古话："读万卷书，行万里路。"远在法国的笛卡尔虽然没有听过这句话，却用自己的亲身实践实现了这句话。在八岁进入拉弗莱什学校后，笛卡尔阅读了大量的书籍，慢慢萌生了向世界求学问、阅读世界这部大书的愿望。于是在毕业之后，笛卡尔抛开书本，开始了他长达十年的游历之旅。他曾到过巴黎，厕身巴黎豪华放荡的贵族生活。他曾多次用他的机智和数学知识让开设赌场的庄家输得倾家荡产。随后，他厌倦了那种浮华绮丽的生活，离开了巴黎，在荷兰作为志愿军参加了莫里斯亲王的军队，这一时期他的身体状况还比较好。当然，笛卡尔并不喜欢暴力，参加军队只是因为这样是最经济、最简便也最安全的旅行方式。

笛卡尔不停地游历，不停地思考和探索，在广大的世界中汲取知识的营养，但他总觉得自己是无知的。有一次，他的朋友问他："你的学问已经如天上的星辰般辽阔广博，你竟然还感叹自己的无知，这不是太可笑了吗？"笛卡尔回答说："苏格拉底不是通过画圆圈的方式解释过这个问题吗？圆圈内是已知的知识，圆圈外是未知的知识，是浩瀚无边的未知的世界。知道的越多，圆圈也就越大，与外界接触的空白面就越多，所接触到的未知世界就越广。这样的我又如何能够认为自己知道得很多呢？"

经过十年游历之后，笛卡尔认为自己已经能够建立一种崭新的、科学的哲学体系了，于是他先回到法国老家。这个时候笛卡尔已经颇负盛名了，大批的人络绎不绝地来拜访他，笛卡尔因此不堪烦恼，认为众多慕名而来的人完全打破了他安静的沉思环境，这让他无法专心思考问题和研究学问。所以笛卡尔搬去了荷兰。在那里，他写出了诸多日后代表他思想的著作。此外，他还研究了数学、生理学、光学、气象学、化学、物理学和天文学等诸多学科，并做出了卓越的贡献。

这时，远在瑞典的克里斯蒂娜女王向笛卡尔抛出了橄榄枝，因为此时笛卡尔在荷兰已是声名显赫，而且早在笛卡尔四处游历的时候，克里斯蒂娜女王就已经和笛卡尔有过书信往来。克里斯蒂娜女王在获悉笛卡尔的书在荷兰被禁之后，便立刻邀请笛卡尔去瑞典做她的家庭老师。

笛卡尔在第一次收到克里斯蒂娜女王的邀请之后，一时颇为激动，甚至有过幻想，可以从女王那里得到帮助，来实现柏拉图未能完成的理想国的伟大事业。但是，笛卡尔终归是理性的哲学家，考虑到斯德哥尔摩的冰天雪地和自己羸弱的身体，笛卡尔不得不写了一封措辞恳切的回信，使女王相信"殿下是上帝的影像中所创造出的最高贵的人"，而被女王召唤是他的莫大荣幸，但是他请求免除他"瞻仰她的优雅风度"的殊荣，因为"在过了二十多年的隐居生活之后，我已并非年轻，恐怕受不了旅途的颠簸劳动之苦"。

但是克里斯蒂娜女王是一个顽强而固执的人，她性格刚毅，意志坚强。在被笛卡尔拒绝之后，她特意派了一艘军舰和一个特别使团赶赴笛卡尔侨居的荷兰，来接这位伟大而著名的哲学家。这次，笛卡尔不得不应允了。此时，他似乎已对自己的命运有所预感。他在给朋友的一封信中写道："二十多年来我做过多次旅行，结果都是如此不幸，以致我害怕将来会陷入海盗之手或遭到覆舟之祸，或者失去自己的财产，或者失去自己的生命。"

笛卡尔的命运不幸被他自己言中。克里斯蒂娜女王是个精力充沛、顽强又好学的学生，对于其他任何一位老师来说，这样的学生都是最好的教育对象，但对于笛卡尔来说，女王的要求却是致命的。因为女王觉得自己在早上的时候头脑是最清醒的，所以她要求笛卡尔每周有三天要在天亮前赶到宫殿给她上课。于是，笛卡尔不得不在瑞典长达半年的严寒中，经常早上不到四点就起床，然后爬上冰冷的马车，赶到宫殿去给女王上课。到瑞典不久，笛卡尔就在给朋友的信中写道："我只希望宁静和休息，宁静和休息就是幸福。"1650 年的冬天极冷，当地人都说那是五十年来最冷的一个冬天。而笛卡尔原本就欠佳的身体状况也在这种高强度的教学工作下迅速恶化。在来到瑞典四个月之后，笛卡尔得了严重的肺炎。女王给他派了数位医生，可惜都无法挽救。

在来到瑞典仅仅半年之后，笛卡尔就逝世了。

笛卡尔的壁炉

自从接下克里斯蒂娜女王的邀请之后，笛卡尔就不得不常常在早上四点起床，然后坐上半个小时的马车赶到皇宫，再给女王讲课。

这一天也是如此，笛卡尔在瑞典五十年来最冷的冬天的一个早晨，乘着马车向女王的宫殿驶去。因此在进入宫殿之后，温暖如春的感觉让笛卡尔不由得对宫殿里的壁炉投去感激的目光。然后，他开始了例行的讲课。

女王今天好似别有用心，她不等笛卡尔开口就问道："笛卡尔先生，听说您提出了一种新的哲学理论，是吗？"

笛卡尔笑着说道："是的。"

"能给我讲讲吗？"女王是个很好学的人。

"当然可以。"笛卡尔道。接着，他开始讲起了他的心物二元论，这可是旷世的哲学理论，女王听后如堕五里雾中，一脸迷茫。笛卡尔见状，连忙停止了讲述，问道："克里斯蒂娜女王，您是不是有不明白的地方？"

"我听不明白。"女王并不因自己听不明白而感到羞愧，毕竟仅是那些术语就让她不知所云了，而且哲学又是一门很高深的学问。

笛卡尔低头仔细想了想，目光瞥到了那个温暖的壁炉，突然有了主意。他指向那个被他感激过的壁炉说道："女王陛下，您看那是什么？"

"壁炉啊。"女王答道。

"您再看那壁炉里面有什么？"

"火啊。"女王仔细看了看之后答道。

"那么，女王，您能不能试着想象一下，我现在正穿着长袍，坐在壁炉边上烤火呢？"笛卡尔笑着问道。

"当然可以。"女王点头答道。

"我看也是可以的。"笛卡尔点头道，"因为我过去也常常做梦，梦见我穿着长袍，坐在壁炉边上烤火。而实际上，那只是梦境。我只是光着膀子躺在床上。因此我很难说，我现在的这种情况不是梦境或是幻觉。您理解这个意思吗？"笛卡尔顿了一顿，问道。

"当然。"女王是个很有智慧的人。

笛卡尔微微点头，接着说道："因此，我们不但可以怀疑自己的感觉和肉体，而且也应该怀疑其他的各种知识，例如，对于数学，我们就完全应该有理由来怀疑。"

"可是数学又该怎么怀疑呢？"女王问道。毕竟数学中最基本的东西都是公理啊，是不可怀疑的。

"不知道您是否发现，一些简单的数学问题，许多人在推导它的时候，也会出错。所以我们很难说自己在进行同样的推导时一定不会出错。请您试想一下，是不是这样。"笛卡尔循循善诱。

　　女王低头想了一会儿才答道："好像是的。"

　　"那么，我是不是可以据此断定：没有一种观念，在我看来是完全确定的，世界上的一切都是可以被怀疑的。"笛卡尔笑着说道。

　　"按照你的这个说法，难道你也怀疑你自己的存在吗？"女王笑着反问道。

　　"不！我尽管可以怀疑一切事物的存在，但是有一件事却是确凿无疑的。"

　　"什么事情？"女王问道。

　　"那就是'我在怀疑'。"

　　"我在怀疑？"女王有点儿不理解。

　　"对，我在怀疑。"笛卡尔特意加重了语气，"因为'我在怀疑'这件事情本身，是不可怀疑的。'我在怀疑'表明'我'在思想。既然肯定了'我在怀疑'，即我在思想，却又否定思想者本身的存在，这是自相矛盾的，是荒谬的，也是不合理的。思想，必然要依赖于思想者而存在。"笛卡尔最后说出了自己最著名的哲学观点，"所以，我思故我在。"

　　女王觉得自己终于听明白了："所以说，笛卡尔先生，您是认为有一个有血有肉的我存在是不容怀疑的。"

　　"当然不是。"笛卡尔连连摇头，"这个'我'并不是现实中这个有血有肉的我，刚刚我已经说明了，现实中的这个我是可以被幻想和怀疑的。就像我们可以质疑任何一个为世人所公认的数学公理存在的合理性一样，我们也可以怀疑现在我在这里讲课是不是只是某个神明制造出的幻觉而已。

"我所说的'我'，是那个可以思考我为什么存在、怀疑这一切存在的合理性的'我'，它不是有血有肉的，而是近乎一种思维，一种心灵的存在。"

"哦！"女王恍然大悟，"您所说的并不是这些存在于现实世界中的个体，而是那个可以在思想中去思考'为什么我会怀疑'，在怀疑着这一切存在的合理性的'我'，是不是？"女王兴致勃勃。

"当然。"笛卡尔含笑着道。

"但是，如果按照您所说的，'我'是那个可以怀疑这一切的我，那么这世界上的物质实体又是如何进入那个'我'的呢？"女王对于哲学的思考也是很深刻的。

"这就要牵扯到另外一个问题，就是，心灵如何去认识事物。"笛卡尔继续指着壁炉问道，"您看那个壁炉，如果我们不去思考，那么它是不是继续存在在那里，就像日月星辰不因我们的生灭而生灭一样？"

"当然。"女王点头。

"然而我们现在能够思考它，这又是为什么呢？是因为我们可以思想。虽然那个怀疑一切的'我'不是明确存在的，但是它是可以思想的。但物质实体不一样，物质实体虽然确实存在，但是它们是不可以思想的。就是说，它们是不可能去思考为什么它们会存在、它们存在的真实性是否值得检验等这类问题的……"

笛卡尔的话被女王迫不及待地打断了："笛卡尔先生，您刚刚还说我们可以怀疑这一切存在的合理性和真实性，为什么现在又说那些物质实体是真实存在的呢？"

"问得好。"笛卡尔赞扬道，"那是因为在物质和思维这两个实体之间，存在着第三个实体，正是这第三个实体，使得思维可以去思想这存在的种种物质。"

"这第三个实体是什么？"女王好奇地问道。

笛卡尔神秘地笑了笑，说道："是上帝。"

"上帝？"女王是个虔诚的基督徒，不过这种说法还是让她有些难以理解。

"是的，是上帝。"笛卡尔坚定地点点头说道，"这世界上，有思想这个实体的存在，但是它只能思想，不能广延。而物质实体，它只拥有广延性而不能思想。那么，为什么在我们的思想中会出现各种各样的物质实体的形象和概念呢？是因为上帝把这些清楚明白的概念放到了我们心中，因此那个怀疑一切的'我'就可以认识这个世界，认识这些物质实体，乃至认识那些被人们认为是公理的东西，因此，我们现在就可以认识这个世界。"笛卡尔的哲学体系就这样构建完成了。

在他的体系中，存在着思想这个第一主体、物质这个第二主体，以及上帝这个连接了思想和物质的第三主体，正是这三个主体，构建了人类认识世界的基础。

斯宾诺莎：心灵的绝对德性就是理解

自由人最少想到死，他的智慧不是关于死的默念，而是对于生的沉思。

——斯宾诺莎

斯宾诺莎（1632—1677），出生于荷兰阿姆斯特丹的犹太人，一生贫困，以磨制镜片为生。但是，就是这样一个在海牙靠磨制镜片赚生活费的人，却写出了《伦理学》《政治论》等诸多哲学名著。他试图弥合笛卡尔心物二元论的缺陷，提出了上帝的新定义。他是与笛卡尔和莱布尼茨齐名的伟大的哲学家和科学家。费尔巴哈曾将其称为"现代无神论者和唯物论者的摩西"，诗人海涅则说："所有我们现代的哲学家，虽然也许常常是无意识的，但都是透过斯宾诺莎磨制的镜片来观看世界的。"

从信徒走到异端

在 1656 年 7 月 27 日，荷兰阿姆斯特丹的犹太教会进行了一项开除教籍的仪式，教会的拉比用洪亮的声音对被开除教籍者施以最严厉的诅咒。灯烛一盏盏依次熄灭，象征着那个被开除教籍的人的精神生命即告完结。随后，教会向整个犹太世界发布了公文。公文上说"任何人都不得以口头或书面的方式与之交往，不得对他表示任何好感，不得与他同住一屋，不得与他处在两米之内的距离，不得读他的著述……"这个被整个犹太教世界孤立的可怜人就是斯宾诺莎，时年二十四岁。

这是怎么回事呢？这就要从斯宾诺莎当时的思想说起了。斯宾诺莎出生于荷兰阿姆斯特丹的一个犹太家庭。他的父亲是一名商人。由于拥有宽裕的家庭条件，因此小斯宾诺莎有机会进入当地的教会学校，学习以后如何当好一个拉比。斯宾诺莎聪敏好学，使得他在学完拉比的课程之后，还有大量的时间可以去看那些用拉丁文写的哲学和光学以及其他诸多学科的著作。在阅读这些著作的时候，斯宾诺莎逐渐萌发了日后导致他被逐出犹太教会的思想。他开始漠视犹太教的教规仪式，拒不执行犹太教的饮食规则，他不相信灵魂不灭，否认天使的存在，主张上帝并不像教会里所宣扬的那样是超越于世界的精神主宰，而是表现在大自然中。

斯宾诺莎这些大胆的言论在犹太教会中产生了巨大的冲击，那些拉比对此异常恼火，但是他们并不想将斯宾诺莎的言论宣扬出去，因此他们先是找到斯宾诺莎，许诺说如果他可以保持沉默，并在表面上表现出对宗教某种程度的服从，他就能获得一笔可观的年金。要知道那时的斯宾诺莎正逢父亲去世，财产被同父异母的姐姐获得，因此他必须自食其力。但是斯宾诺莎拒绝了，他认为如果接受了这笔年金，放弃对教会的批判，他就会成为真理的叛徒。于是，教会在1656年6月的一天，传唤了斯宾诺莎。在拉比们的法庭上，众人指证斯宾诺莎妖言惑众，发表异端邪说。斯宾诺莎夷然不惧，做出了犀利的反击。因此，法庭做出了开除斯宾诺莎教籍的决定。不过，他们给了斯宾诺莎三十天的思考期以便"留校察看"，如果斯宾诺莎表现良好，他就可以重回教会。但是斯宾诺莎依旧我行我素。最终，在1656年的7月27号，在荷兰阿姆斯特丹，发生了本篇一开始的那一幕。拉比宣称："我们驱逐、孤立、憎恨和咒骂巴鲁赫·斯宾诺莎，……主将不宽恕他，主将对这个人表示愤怒和给予惩罚，并使他领受摩西律法所载诅咒的所有灾祸；主要在普天之下毁他的名；并且，对于他的堕落，主将按照载入摩西律法中的苍天之下的所有诅咒把他逐出以色列人的十二支族。"

这是犹太世界最严重的惩罚，斯宾诺莎却对此毫不在意，他曾说："很好，这样我就可以不必强迫自己去做我本不愿做的事情了。"

不幸的是，教会的拉比们并不打算就此放过他，他们向阿姆斯特丹当局控告，说斯宾诺莎是个危险分子，要求当局将之驱逐出境。斯宾诺莎不得已，只好开始流浪，最后避居海牙。这个时候，斯宾诺莎的双亲都已亡故，犹太世界与之决裂，他只好靠磨制镜片维持生活。由于斯宾诺莎本身深厚的光学造诣，他所磨制的镜片均质量上乘。当然，斯宾诺莎本人并不关心这个，磨镜片只是他为生的手段而已，他最重要的事情是每天磨制完一定数量的镜片交给朋友代卖之后，就一头扎进哲学的世界，放弃一切的财富、荣誉和感官的快乐。

当时在海牙，斯宾诺莎几乎如同名胜一般，每个来海牙的人都以能瞻仰斯宾诺莎的风采为幸。斯宾诺莎从来不曾接受过任何的馈赠。他先是拒绝了一个商人，也是他的好友西蒙·德·弗里给予他的一笔两千弗罗林的馈赠。在西蒙将财产留给兄弟之后，斯宾诺莎又一次拒绝了西蒙兄弟给予他年金的好意。他说："如果我彻底下决心，放弃迷乱人心的财富、荣誉和感官快乐这三种东西，那我所放弃的必定是真正的恶，而我所获得的必定是真正的善。爱好永恒无限的东西，可以培养我的心灵，使得它经常欢欣愉快，不会受到苦恼的侵袭，因此它最值得我们用全力去追求，去探寻。"

与教士们的辩论

在 1656 年 6 月，斯宾诺莎被拉比传唤到法庭的那天，他在庭上和众教士们展开了激烈的辩论。辩论是从"犹太教法典是否具有普遍适用性"这一问题开始的。

教士们认为："犹太教的法典是普遍适用于全人类的法典，因此任何人都应该遵守。"

斯宾诺莎对此嗤之以鼻。他反击道："很显然，犹太教的法典最多只能适用于犹太教，它对世界上绝大多数人来说根本没有约束力。比如，对整个基督教的世界而言。"

"可是基督教也是信仰上帝的。"教士们认为自己抓住了斯宾诺莎的话柄。

"我是信奉上帝的啊。"斯宾诺莎一脸无辜地说道。

教士们纷纷激动、兴奋起来，因为斯宾诺莎说他相信上帝，他们以为已经将斯宾诺莎驳得哑口无言了。

"可是你信奉的上帝是哪个上帝呢？"一个对斯宾诺莎稍有了解的教士不相信斯宾诺莎会这么轻易地投降。

"我信奉的上帝，在逻辑学上或者形而上学上可以被称为实体，在神学上就是被你们称为上帝的东西。"斯宾诺莎狡黠地笑了笑。

教士们群情激愤："这家伙竟然说上帝是个东西。"

"他诬蔑上帝是个东西。"

"上帝明明不是个东西。"

"对，上帝不是东西。"

…………

"肃静。"庭长拿起小槌子使劲地敲了敲，因为教士们已经被斯宾诺莎牵着鼻子走了。他问斯宾诺莎道："你可以说说你提出的'实体'的概念是什么吗？"

"当然可以。"斯宾诺莎正容答道，"所谓的实体，我指的是那种存在于自身之中，并通过自身被思考或理解的东西，也就是说，形成实体概念无须借助于另一个事物的概念。"

"那么你的实体和我们的上帝是一回事吗？"教士们虽然早就听闻斯宾诺莎的思想，但还是要求斯宾诺莎亲口说出来，想借众人之势来压制斯宾诺莎。

"所谓上帝，我指的是绝对无限的存在物或由无限属性组成的实体。其中每种属性都表现出永恒、无限的本质。"斯宾诺莎面不改色。

"你说的上帝和《圣经》中的上帝有区别吗？《圣经》中的上帝也是无限存在的。"某教士气势汹汹地问道。

"那可完全不一样。"斯宾诺莎摇摇头说道，"《圣经》中的上帝其实是不存在的。"这句话捅了马蜂窝，教士们奉若性命的上帝竟然被斯宾诺莎斥为不存在，这让他们以后怎么生活、怎么布道呢？

"你们应该明白，"斯宾诺莎冷冷地说道，"《圣经》本身并没有给上帝一个严格的定义，《圣经》中的上帝并不具有无限存在的本质，而只是你们口中的爱和正义的属性。你们只是从自己的感觉表象上出发，去塑造上帝，将上帝想象成了统治者、立法者、皇帝、正义、爱等。可是你们想过没有，这些都只是人的属性而已。你们这样做，是把人的属性加到了上帝的身上，是把对人类最美好的要求和最完美的属性加到上帝身上，你们这是在贬低上帝。你们觉得你们把一头猪的属性放到人的身上，人会觉得那是光荣还是耻辱？虽然那已经是猪最完美的属性了。"斯宾诺莎大笑道，他轻轻松松就将莫大的罪名安在了教士们的头上。

"不，我对上帝的虔诚无人可比。"教士们纷纷向上帝表示忠心。

"按照你的说法，难道上帝都不具备这些属性吗？"教士们问道。

"当然。"斯宾诺莎点头说道，"上帝根本就不具备这些人的属性，这是个没有耳朵和眼睛、没有正义和爱的上帝。当他活动的时候，他并不考虑任何人的需要，而仅仅按照他自身的规律来活动。这些规律并不像你们所想象的那样，是指向人的需要和幸福的，而是指向他自身的存在的。"

"指向他自身的存在？"教士们听不懂了。

"对，就是指向他自身的存在，按照他自身的规律办事。其实我所说的上帝，就是自然界这个确定性的存在。"斯宾诺莎终于说出了他真正的思想，"自然界这个实体有两种性质——广延和思维，这两种性质也是认识自然界的两种方式。但是实体无限而不变，样式有限却多变。实体的运动就像刚刚所说的上帝一样，是按照它自己本身的规律来行动的，并不因外界的变化而变化，因此它的任何行为都起因于它自己，就像上帝一样。"

斯宾诺莎继续侃侃而谈："这个上帝和自然界一样，本身它的运动不因为外界的变化而变化，也就是说，它的一切活动都起因于他自身。有了原因，于是这个世界开始运动，并持续不断地进行因果循环，造成了这个世界不断地运动。因此上帝的本质就是最开始的一切事物的原因，即自然界开始运动的原因。"

"那上帝和自然界难道就没有区别了吗？你这个可怕的无神论者。"教士们大叫了起来。

"基本上，上帝和自然界还是有区别的。"斯宾诺莎顿了一顿，好似在整理着自己的思路，因为之前他并没有时间好好思考过这个问题，"上帝具有主语的意义，而自然界只具有宾语的意义。因为上帝这个存在物，如果不具有和自然界、人不同的个性、特点及属性，那么它就完全是一个多余的存在物。"

庭下一片哗然，他们为之奉献一生的上帝在斯宾诺莎看来竟然是多余的，甚至连斯宾诺莎都不敢相信，自己直接否定了上帝的存在，他从来不认为自己是个无神论者啊。

"我要求判他流放。""我要求判他死刑。"……教士们的声音此起彼伏，都要求立刻处罚这个胆敢亵渎上帝的家伙。

"好了，我不想和你们继续浪费时间了，你们爱怎样就怎样吧。"斯宾诺莎迅速离开了法庭，因为他必须立刻将他刚才的发言记录下来。他相信，他已经发现了这个世界的真谛，他甚至可以弥补笛卡尔因为心物二分而造成的心物隔阂问题的缺憾，以致笛卡尔不得不借助上帝这个神秘的存在来弥合。现在，斯宾诺莎确定自己已经找到了这个关键，那就是：这个世界存在的确定性。

莱布尼茨：一个千古绝伦的大智者

理性是人类最高的天赋。

——莱布尼茨

莱布尼茨（1646—1716），出生于德国的莱比锡。莱布尼茨是历史上少见的通才，他在数学、历史、语言、生物、地质、机械、物理、法律、外交等领域都有研究。他本人是一名律师，经常往返于各大城镇，他提出的许多公式都是在颠簸的马车上推演出来的。他被誉为十七世纪的亚里士多德。

天才的童年

　　莱布尼茨是个天才。这句话放在任何一个语境下都是成立的。普鲁士腓特烈大帝称赞他是"一所科学院"，费尔巴哈则称他是一个全才："通常，人们只拥有这种或那种的天赋，可是，莱布尼茨却集各种各样的天赋于一身：他既具有抽象的数学家的特性，又具有实践的实干家的特性；既具有诗人的特质，又具有科学家的特质；既具有史学家的才能，又具有发明家的才能；他有很好的记忆力，从而不必耗费精力去重读他过去记下的东西；既具有植物学家和解剖学家那显微镜一般的眼睛，也具有进行概括工作的分类学家那种高瞻远瞩的目光；他具有学者的耐力和敏锐的直觉，也具有依靠自学的、独立思考的、寻根问底的研究者的坚韧力和勇气。"

　　有一次，小莱布尼茨去一位神父家做客，那位神父久仰小莱布尼茨的神童大名，便想看看莱布尼茨究竟如何神法。于是他将小莱布尼茨带进了书房，莱布尼茨面对着那些从未见过的藏书，开心极了，顺手就翻开了一本拉丁文的《神诗集》，立刻入迷地读了起来。神父惊讶极了，他问小莱布尼茨："你能看懂拉丁文吗？"要知道那时的莱布尼茨还没到上学的年龄。

　　孰料，小莱布尼茨很无所谓地回答："当然看得懂，我在家看的就是插图版的拉丁文诗集。"

神父大为惊叹，不过他还不想就这么罢手，因此他对小莱布尼茨说："那好，你先看看这本诗集，等我吃完午饭后就来考考你，怎么样？会有奖励的哦！"

"没问题。"小莱布尼茨一点儿都不害怕，反而很高兴地接受了挑战，"有奖励的呀！"

一个上午过去了，神父吃完午饭，来到书房，莱布尼茨已经将那本诗集扔在了一边，正在看其他的书。

神父见此情景，心里稍微有些疑惑，不过他没有表现出来。他问莱布尼茨："你看完这本诗集了吗？"

"早就看完了。"莱布尼茨头也不抬地答道。

"那好，我们来做个小游戏怎么样？我随意指出其中的一段，然后你把它默写下来，怎么样？"神父笑道。

"随便你指哪一段。"小莱布尼茨艺高人胆大，一点儿都不慌张。

"唔，那么好，第三章第三段的第三行。"神父随口说道。莱布尼茨迅速在纸上写了出来，神父一对照，大惊失色，竟然完全无误。

"第四章第四段第四行……"

"第七章……"

…………

"神父。"小莱布尼茨开口了，"您还是别忙了，索性我把整本诗集都默写出来吧。"

"你可以把整本诗集都默写出来吗？哦，这不可能！"神父似乎遭受了巨大的打击。

小莱布尼茨也不理他，直接在纸上将一本诗集共三百行都写了出来，神父不敢相信地从头到尾挨个词对照，发现三百行诗文，竟然一词不差。

"噢，你真是个天才。"这句话莱布尼茨早已听了不知道多少遍了，所以他一点儿也不激动，倒是对那个奖励非常在意："神父，您要奖励我什么呢？"

"你想要什么呢？"神父已经恢复了平静，慈祥地问道。

"我要什么都可以吗？"莱布尼茨眼睛一亮。

"当然可以，只要你要，只要我有。"

"那我要那两本利维和维吉尔的书。"小莱布尼茨早就看好了那两本梦寐以求的书。

"好吧，你拿去。"神父从书架上拿下两本书，递给莱布尼茨，"不过你要注意，这两本是禁书，不能让别人知道你在看这两个人的书，明白吗？"

"明白。"莱布尼茨抱着两本书，用力地点点头。

世界上没有两片完全相同的树叶

那是晴朗的一天，在收到普鲁士王后索菲·夏洛特的邀请之后，莱布尼茨毫不考虑地就接受了。他在普鲁士王后还是汉诺威郡主的时候，就已经成为她的好友了。

当莱布尼茨来到目的地赫伦豪森花园时，另一位客人培尔爵士已经在花园里了。索菲王后看到莱布尼茨，当即高兴地迎了出来。

　　"啊，威廉，你终于来了。"王后忙将莱布尼茨请了进去。

　　"是的，郡主。"虽然索菲娅已经嫁人做了王后，但莱布尼茨还是习惯用郡主的头衔来称呼她。

　　主客坐定之后，索菲王后率先发问："听说你现在正在研究单子论，是吗？"

　　"是的。"莱布尼茨欠身答道。

　　"那一定是个伟大的学说。"索菲王后衷心地赞叹道，"能和我们说说吗？"

　　"当然可以。"莱布尼茨点头道，"请你们看看这个花园，您能看到这花园里有什么吗？"

　　"有花、有草，还有小鸟、小狗。"女性总是感性的。

　　"还有泥土、树木、阳光和空气。"培尔爵士终究是男性，比较理性。

　　莱布尼茨笑着说："不错，除了这些，我们还可以看到很多，但是在我们看不到的地方，还有更多的东西，比如结网的蜘蛛、在地下打洞的老鼠、树木上的虫子……仅在这个花园里，就有如此多的东西，而且它们都是不一样的，不是吗？"莱布尼茨问索菲王后和培尔。

　　"是的。"索菲王后点头道。

　　"您看，仅这一个小花园，我们就可以找出如此多不同的东西，正是这些完全不同的东西，组成了花园这个整体，那么您再想想看，又是什么东西组成了大树呢？"莱布尼茨问索菲王后。

"树根、树干、树枝和树叶。"索菲王后毫不迟疑地回答。

"是的，一棵大树是靠树根、树干、树枝和树叶组成的，那么，这些树根、树干、树枝和树叶又是由什么组成的呢？"莱布尼茨继续问下去。

索菲王后有点迟疑："这个……"

这时，莱布尼茨站了起来，一边挥舞着手臂一边说："现在你们要明白，这个世界是由一种最基本的粒子所构成的，那就是单子。这个世界是客观存在的，因此这个世界是确定无疑的，它是由客观物质所组成的，我将这种粒子命名为单子。因为组成这个世界的物质是多种多样的，所以我设想这种单子也是各具自己的性质和属性，没有单子是相同的，这样它们才能构成这个五彩缤纷的大千世界。"

"您说没有单子是相同的？"培尔爵士这时又插话了。

"是的。"

"按照您的理论，那么这个园子里的树叶难道就没有两片是相同的吗？"培尔爵士问道。

"绝对没有。"莱布尼茨信心十足地回答。

"不如我们来找找看吧。"久未发话的女主人索菲王后兴致勃勃地拉着两位客人站了起来。他们精心挑选了两片看起来颇为相似的树叶，可是经过仔细比较之后，王后失望地发现，它们的确有着细微的差别。王后不死心，又找了两片，还是不同。王后着急了，她一声令下，命那些随同的侍卫都去找相同的树叶。

忙活了一个下午，侍卫们找了无数片叶子，可惜经过比较之后，那些看起来差不多的叶子或多或少都是有差别的。

莱布尼茨笑着说："我尊贵的王后啊，您还是不要找了，您已经差不多把这个花园的树叶都给摘光了。现在您相信这个花园里没有两片相同的叶子了吧？"

"我就不相信了！等我向全国发出通告，让人们都去找两片相同的叶子来让你看看。"王后气呼呼地答道。

"不用忙活了。"莱布尼茨笑着说，"先不说您能不能找到两片相同的叶子，就算您真的能找到两片看起来相同的叶子，它们在更小的层面上也未必是相同的，就像我们不能区分蚂蚁之间的差别一样，但是蚂蚁们确实是存在差别的。所以，就算是看起来完全相同的两片叶子，当深入到单子层面时，它们也不可能是完全相同的。这些差异就是单子构成我们这个世界万千气象的原因啊。

"所以，这个世界上绝对不存在两片完全相同的树叶。"

休谟：明天的太阳从何方升起

习惯是第二天最好的预言。

——休谟

休谟（1711—1776），生于苏格兰爱丁堡，死于伦敦。休谟继承了洛克和贝克莱的哲学思想。他的不可知论将康德"从独断论的迷雾中唤醒"，对后世实证哲学和逻辑实证主义的发展有启发之功。

默默无闻的哲学家

休谟很苦恼，特别是当他发现自己的生活费即将告竭时。巴黎的消费水平很高，尽管平时他是一个无忧无虑的乐天派，此时也陷入了空前的苦恼当中。这时他的一个朋友走了过来，他看到休谟一脸的愁容，于是关切地问休谟："你怎么了？你的脸色很不好。"

"没事，我只是在生气而已。"休谟耷拉着眼皮回答。

"谁惹你生气了，难道他不知道你的人缘很好吗？"那位朋友义愤填膺地说道。

"不是其他人，我是在生我自己的气。"休谟气鼓鼓地答道。

"你为什么要生自己的气呢？"那位朋友大感疑惑。

"不是。"休谟考虑着要不要把自己的糗事说出去，不过到底他还是个藏不住话的人，所以从头到尾都说了出来，"我写的《人性论》出版了。"

"那是好事啊。"这位朋友兴奋地鼓掌。

"但是没卖出去。"休谟失落地说，"一本也没有。"

"噢。"这位朋友不知道该怎样安慰他。任何人看到自己的心血不被人重视，都会愤怒的。"这该怎么说呢，"那位朋友沉吟了一会儿才接着说，"也许是因为你名气不够大吧。"

"是这样吗？不是因为我的书不好？"休谟反问道。

"你既然敢把书拿去出版，怎么能认为自己的书不好呢？"那位朋友点头说，"肯定是因为你的名气太小，所以没有人关注这样一本伟大的哲学著作的诞生。你现在的当务之急是为自己赢得名声。"

"我要怎么做才能为自己赢得名声呢？"休谟满怀期望地问。

"既然你的文笔那么好，不如去写散文吧。"那位朋友出主意道。

"好，那我就先让自己出名，之后再写哲学书。"休谟做了决定，"不过，你能不能帮我一个忙？"

"什么忙？"那位朋友心头涌现出一种不太好的预感，"先说好，要求不能太过分啊。"

"你也知道，出书不便宜，巴黎的消费水平又那么高，现在我几乎是无米下锅了，你能不能先借我些钱，等我的书大卖之后，我一定会还你的……哎，我还没说完呢，你别走啊，大不了我把我祖传的宝剑抵押给你。"

休谟问题

当因果论成为世界的通识时，休谟也发现，哲学家们在哪怕是一个最小、最久远、最基本的问题上都能争吵半天，因此休谟决定寻找一种新的确定真理的方法。他对那些被人们普遍认同的理论提出了疑问。

休谟认为最典型的因果论完全是人们心理联想的结果。当你听见打雷声、看见闪电时，你不能确定接下来肯定会下雨。你认为打雷闪电之后肯定会下雨，是因为你以前见多了这种情景，所以你将打雷闪电和下雨联系到了一起。而实际上，打雷闪电和下雨并没有必然的联系。因此休谟认为：虽然我们能观察到一个事物伴随着另一个事物而来，我们并不能观察到任何两个事物之间的关联。而依据他怀疑论的知识，我们只能够相信那些依据我们观察所得到的知识。休谟主张，我们对于因果的概念，只不过是我们期待一个事物伴随另一个事物而来的想法罢了。

　　"我们无从得知因果之间的关系，只能得知某些事物总是会联结在一起，而这些事物在过去的经验里又是从不曾分开过的。我们并不能看透联结这些事物背后的理性为何，我们只能观察到这些事物本身，并且发现这些事物总是透过一种经常的联结而被我们在想象中归类。也因此，我们不能说一个事物造就了另一个事物，我们所知道的只是一个事物跟另一个事物可能有所关联。"

　　对于归纳问题，休谟也提出了自己的看法。休谟主张所有人类的思考活动都可以分为两种：追求"观念的联结"与"实际的真相"。前者牵涉抽象的逻辑概念与数学，并且以直觉和逻辑演绎为主；后者则是以研究现实世界的情况为主。为了避免被我们所不知道的任何实际真相或在我们过去经验中不曾察觉的事实的影响，我们必须使用归纳思考法。归纳思考法的原则在于，假设我们过去的行动可以作为未来行动的可靠指导。但是按照因果论中的问题，由于我们过去所得到的经验不能确定其中必然的联系，因此那些经验又是无用的。于是休谟提出了使他被称为"不可知论者"的问题：

"明天，太阳还会从东方升起吗？"

伏尔泰：因为我有身体，所以我有思想

我不赞成你的观点，但我捍卫你说话的权利。

——伏尔泰

伏尔泰（1694—1778），法国著名启蒙哲学家、思想家、作家，毕业于巴黎圣路易法学院。因反对宗教和贵族，两次被关进巴士底狱，两次被放逐。1726 年被驱逐出法国，到英国流亡三年后返回法国。1734 年因出版《哲学通信》一书，受到政府通缉，隐身于偏僻小镇长达十五年之久。死后，他的心脏被装在一只盒子里，存放于巴黎国家图书馆，盒子上刻着他生前的一句话："这里是我的心脏，但到处是我的精神。"雨果曾说，伏尔泰的名字代表的不是一个人，而是整整一个时代。

罗昂事件

  1725 年 12 月的一天，伏尔泰与勒库弗勒小姐一起坐在歌剧院的包厢里，他像平常一样和一群朋友高谈阔论。这时，法国最有权势的贵族家庭的成员罗昂骑士走了过来。罗昂早就对平民出身的伏尔泰在社会上受到尊敬而愤愤不平，并且他也在追求勒库弗勒小姐，于是，他当众傲慢地问伏尔泰："伏尔泰先生，你的姓氏到底是什么？"罗昂想以这样的方式羞辱社会地位低下的伏尔泰，可是伏尔泰没有回答他，而是继续与朋友交谈。

  罗昂更加愤怒了，他蛮横地喊道："你听到我的话了吗？我要知道你的姓氏！"

  伏尔泰讥讽地回答："骑士先生，我的姓氏是卑微的，但我至少给它带来了荣耀，而骑士先生正在结束他姓氏的荣耀。"

  罗昂骑士是罗昂公爵唯一的孙子，他怎能容忍这个小小的平民顶撞自己，于是双方怒目相视。勒库弗勒小姐赶紧站在他们中间保护伏尔泰，最后，罗昂骑士面红耳赤地走出了歌剧院。

  第二天，伏尔泰正在苏里公爵家吃饭，一个男仆禀报有人上门找伏尔泰，要他出去。伏尔泰走到街上，只见一辆马车停在那里。他正好奇地寻找要见他的人时，两个流氓突然蹿了出来，用木棍狠狠地揍了他一顿。这两个流氓是罗昂骑士雇来教训伏尔泰的，当时罗昂自己正坐在马车里欣赏着伏尔泰狼狈挨打的样子。他边看边指挥着那两个流氓："不要打他的脑袋，它会创造出好东西来。"伏尔泰衣冠凌乱地逃回苏里公爵的家，诉说他的遭遇，要求他的朋友陪他去警察总署那里告发这桩罪行。但苏里公爵不想得罪这个有权势的家族，便拒绝了伏尔泰的请求，只是安慰了几句。伏尔泰转而求助于其他贵族朋友，均未得到回应。他试图上诉法庭，但审判的车轮不会因他所遭受的不公而转动。在受到欺辱而控告无门时，伏尔泰才知道，他的平民身份使他永远不能享有与贵族平等的待遇，他在贵族眼里不过是一个受雇于人的"演艺者"罢了。

伏尔泰复仇心切，于是便悄悄结交了一些下层社会人士，并且跟着一位武术教师学习击剑，准备与罗昂决斗。罗昂虽然是一名军人，但他担心对手的剑法像他的嘴一样灵巧，便不敢与伏尔泰决斗，于是，他向国王打了伏尔泰的小报告，举报伏尔泰有叛逆的言论和危害治安的行为，建议把伏尔泰关进监狱。1726 年 3 月 28 日，国王签署命令把伏尔泰第二次关进了巴士底狱。这次，他只在监狱吃了几天的免费食物。他意识到自己无力对抗强大的敌人，只得向国务大臣申请被驱逐出法国，流亡英国。5 月初，他被押送到加来，几天后渡过加来海峡（多佛尔海峡）到达英格兰。这年夏天，他曾悄悄返回巴黎找罗昂报仇，但没有成功。

罗昂事件是伏尔泰人生旅程的一个重要转折点，这件事既是伏尔泰一生中蒙受过的最大耻辱，但也是最大的恩惠。因为他被迫流亡到英国后，英国的自然神论、唯物主义经验论、自由平等的政治思想、先进的资产阶级政治制度以及牛顿的科学理论，使他的思想发生了剧变。这时的伏尔泰才体会到什么叫社会的疯狂和偏狭、政治的昏暗和等级的可恶。

选择情人而不是妻子

伏尔泰一生都不曾结婚，但身边从没缺少过情人。从十九岁第一次"海牙之恋"开始，他身边的情人就接连不断。虽然他常常遭到迫害，但他的才华、财富，吸引了不少贵妇人。伏尔泰一直沉醉于与情妇们相伴的乐趣中，这在哲学家的队伍里是很少见的。然而，伏尔泰不仅仅是哲学家，也是历史学家、社会活动家，或许是他百科全书一般的大脑、轰轰烈烈的社会活动使他选择了情人而不是妻子，当时的社会风尚也是如此。在众多情人中，对伏尔泰帮助最大、影响最大的是夏特莱侯爵夫人，他们的关系也最长久。侯爵夫人在出嫁前叫爱米莉，是个有名的才女，据说她的拉丁文说得像西塞罗一样流利，数学演算可与欧几里德争锋。她既风流，又有哲学家的气质，酷爱打扮，喜欢唱歌和跳舞，在男女交往上，同当时的法国女子一样自由。

爱米莉在婚前就见过伏尔泰，当时他还只是一个稍有名气的年轻人，两人曾有不多的书信往来。后来她对享有盛名的伏尔泰爱慕之至，央求一位朋友带她去见伏尔泰。当她们来到伏尔泰的住所时，她大胆而从容地投入伏尔泰的怀抱，搂住他的脖子，热烈地吻着他。第二天，伏尔泰就给她写了情书。他之所以这么做，不仅仅是肉体和情欲的需要，更重要的是思想和精神上的需求。他自英国回来，深受牛顿科学发现和洛克哲学原理的影响，一天到晚嘴里挂着这两个人的名字。可是当时的巴黎很少有人能和他讨论这些问题，只有爱米莉是个例外，她不仅具有出色的科学头脑，理解他所谈论的一切，而且相信他的观点。伏尔泰对自己能有这样一位既有较高社会地位，又有科学头脑和进步思想的情妇非常满意。

一件意外的事件促使伏尔泰更快地投入到爱米莉的怀抱中。他的《哲学通信》出版后，被巴黎高等法院列为禁书，他作为该书的作者，在巴黎无处藏身，于是投奔爱米莉。爱米莉的丈夫夏特莱侯爵在法国东北部香槟省西雷镇的布莱斯河畔有一处宅邸，伏尔泰很喜欢这个地方，它距比利时边境很近，一有风吹草动，逃到国外也很方便。夏特莱侯爵豁达大度，对妻子移情别恋毫不介意，同意把西雷别墅供伏尔泰和爱米莉使用。当时法国的风俗准许一个已婚的女子在家里添一个情人，于是，在侯爵夫人不仅选了一个情人，而且选择了一个天才之后，全法国都原谅了她。

伏尔泰和爱米莉像夫妻一样生活在一起。白天，他们分别在自己的房间，一个赋诗，一个演算几何；一个潜心自己的写作，一个专心致志地做实验。大厅里堆放着数学、物理、化学、天文学等方面的书籍和仪器。晚饭后，他们一起喝咖啡，然后各自工作，直到深夜。夏特莱侯爵非但不憎恨伏尔泰，反而对这位杰出的作家非常尊敬，视为好友。有时他也从部队回到西雷，看望妻子和她的情人，从不干扰他们的事情。

猜　谜

伏尔泰说话很幽默，他常常用一些奇特的方法来给予人们思想上的启迪。猜谜就是他常用的一种思想教育方法。

有一次，他给一群青年出了一道谜语：

"世界上什么东西既是最长的，又是最短的；既是最快的，又是最慢的；既是最能分割的，又是最广大的；既是最不受人们重视的，又是使人们不断惋惜的？没有它，人类一切事都做不成，它使一切渺小的东西归于寂灭，使一切伟大的东西永远存在。"

"这不是自相矛盾吗？"这群年轻人觉得伏尔泰的谜语有点儿奇怪，一时间议论纷纷。

"也许是水吧？"一个青年说，"水可以说是最长，也可以说是最短的。因为一滴水显然是短的，可是如果是一条河流，它显然是长的。水可以流得很快，也可以流得很慢，甚至可以完全静止不动。水可以分割成一杯一杯的，也可以像海洋那样广大。人们认为水最不值钱，所以它是最不受人们重视的，可是如果水白白浪费掉，不也是非常可惜的吗？没有水，人类将无法生存。"

"对，肯定是水了！"大家高兴地说。

"可是，水怎么使一切渺小的东西归于寂灭，使一切伟大的东西永远存在呢？"伏尔泰笑着问道。

"这个……"这群年轻人再次陷入了迷茫，他们又想了一些答案，但怎么也不能紧扣伏尔泰的谜面。

"还是您来说吧，我们怎么也想不出来。"

"好吧，我来告诉你们吧，答案是'时间'。"伏尔泰笑着说。

"这是为什么啊？"

"时间最长，因为它永无止境；时间最短，因为所有人的人生计划都来不及完成。对于尽兴作乐的人来说，时间最快；对于正在等待的人来说，时间最慢。时间可以无尽地分割，又可以无限地扩展，所以它同时也是最广大的。'当时'谁也不会重视，可是'过后'谁都会为自己浪费掉的时间而惋惜。没有时间，人类当然什么事情都做不成。不值得后世纪念的一切渺小的东西，必然随着时间的流逝而归于寂灭；可一切伟大的东西，却可以永垂不朽，即使时间流逝，仍然保持着它的青春活力。"伏尔泰逐条逐句地向青年人分析着时间的特性。

最后，伏尔泰语重心长地说："时间对于我们每个人来说是如此重要，因此我们每个人都要珍惜它。"

用生命来捍卫你说话的权利

伏尔泰是一个很有耐心的人，在和别人谈话的时候，一般不会轻易打断别人的话，即使讲话的是一个非常唠叨的人，他也从不表现出厌烦。有一次，一个人向他论证"咖啡是慢性毒药"这一问题。可是那个人一说起来就没完，足足讲了一个小时。伏尔泰虽然还有很多工作，但他还是非常耐心地听完了他的话。

那个人看到伏尔泰那么专心地听他讲话，以为伏尔泰很赞同他的观点，因此非常高兴地向他道谢。

可伏尔泰却说："我并不赞同你刚才所说的话,我就经常喝咖啡,而且一天要喝很多杯,至今已经喝了足足六十五年。我的身体依然很健康。而且我也特别喜欢在咖啡屋发表演讲,我的第一次演讲就是在圣日尔曼德培的普罗科普咖啡屋里进行的。因此,从某种程度上说,我的存在本身就是对你论点最有力的反驳。我不同意你说的每一个字,但我会用生命来捍卫你说话的权利。"

后来伏尔泰在写作《论宽容》一文时,把它改为这样一句名言:"为你们自己着想,同时也应该让其他人享有和你们同等的权利。"

卢梭：浪漫主义先驱

人生而自由，却无往不在枷锁之中。

——卢梭

卢梭（1712—1778），法国启蒙思想家、哲学家、教育学家和文学家。卢梭一生可以用三个词形容。第一个词是"颠沛流离"。他十二岁时失学当学徒，学过不少手艺，但他对哪个行业都不感兴趣。十六岁时，他开始在瑞士和法国各地漂泊，后来当过仆人、流浪汉、家庭教师和法国驻威尼斯大使的秘书。第二个词是"成就非凡"。1750年，卢梭应征第戎学院悬赏"关于艺术和科学是否给予了人类恩泽"这一问题的征文，获得了最佳作品奖，从此在学术界一举成名。后来相继出版了《论人类不平等的起源》《爱弥儿》和《社会契约论》等一系列著作。第三个词是"影响深远"。卢梭认为"人是生而自由的，但却无处不在枷锁之中"，这句名言广为流传。罗曼·罗兰评价说："卢梭彻底改革了那个世纪和以后世纪的社会。"

性情中人的浪漫生活

  1712 年 6 月 28 日，卢梭出生在日内瓦一个钟表匠家庭，他的出生是以其母亲的去世为代价的，以至于每次和父亲提起母亲，父子两人都要大哭一场。在他十岁那年，父亲因为打伤贵族而不得不远走他乡，他被托付给姨妈伯纳德照管，姨妈送他到一位雕刻家那里学艺。十六岁时，卢梭离开了日内瓦，这是一个偶然的决定。他曾经两次因为贪玩而被关在城门外面，师傅警告他说，如果这种事再发生一次，将对他严惩不贷。所以当他又一次被关在城门外时，他就决定远走高飞了。

  在卢梭的经历中总能找到一些有趣的故事。在马布里先生家当家庭教师期间，他偷了几瓶葡萄酒，但他没有用来下酒的面包片。若是让男仆去买面包的话，就会暴露他的偷窃行为，而作为一名绅士，他又不能亲自去买面包。这时，他想起"一位伟大公主"曾向没有面包的农夫建议："那就叫他们吃蛋糕吧！"于是，他就把这句话套在自己身上，亲自去糕点铺买了一个蛋糕。回到住处后，他一边读书，一边吃着蛋糕，一边品着葡萄酒，其乐无穷。

  1762 年，卢梭受到迫害，辗转逃到英国，但幸运的是，他受到休谟的热情接待。可不久后，他怀疑休谟也参与了迫害他的阴谋，便断绝了与休谟的友谊，逃回了法国。人们怀疑他已经患上了严重的被害妄想症。休谟曾经这样描述过卢梭："他太敏感了，禁不起一点点的伤害，我简直没有办法说明。他就像一个不仅衣服被扒光，连皮都被扒光的人，任何粗暴的或不小心的举动都会让他跳起来。"

卢梭死后被葬在了一个非常浪漫的湖中小岛——圣皮埃尔岛，这个岛因为长满杨树而得名。卢梭死后的声誉远远超过他活着的时候，因而卢梭之墓很快成为人们前来朝拜的圣地。卢梭生前一直蔑视的王公贵族，很多都从巴黎来到这里向他表示尊敬，其中就包括玛丽·安托瓦内特王后。当然，她不是来纪念鼓吹革命和宣扬平等的预言家的，而是来纪念多愁善感、才华横溢的作家的。十九世纪最著名的浪漫主义诗人拜伦曾写诗赞美卢梭：

他的爱是激情的本质——就像树，

由于闪电的袭击燃烧出熊熊的火焰。

他激情迸发，因为在他看来，

这就是爱。

在他身上洋溢着丰富的思想，

就像他激情的文字一样。

卢梭和女人的纠结

离开圣灵收容所后，卢梭到一个叫维尔塞里斯的贵妇人家做仆人。夫人去世后，他和其他家奴一样只得到了三十利弗尔。有一天，他漫不经心地在屋子里踱步，突然看见一条银白色和玫瑰色相间的丝带，一看就知道是管家侄女的。也许是由于未多加考虑，或者是由于他想从屋子里拿走一点东西以弥补他内心的不平，他便顺手牵羊，拿走了那条丝带。丝带本是一件不值钱的小玩意，没想到人们却到处寻找，最后还在他身上找到了。他吓得手足无措，结结巴巴地说不出话。然后他便诬陷是女仆玛丽恩送给他的，这个女仆坚决否认，并恳请卢梭良心发现，主动坦白。可是一点儿用都没有，他坚决指控是她干的。困惑的主人最后把他们两人都辞退了。这件事像一块烧红的烙铁一样烫着卢梭的心，他一直把这件事藏在心里，没有对任何人说过。直到后来在《忏悔录》中才承认自己的罪行，他声称"没有什么比我在艰难的时候指控一个可怜的女孩子更可恶的了"。但是他也给了自己一个理由，他说他诬陷那个可怜的女孩，是因为他喜欢她："我把我干的事情说成是她干的，本来是想把丝带偷来送给她，却反过来说是她偷来送给我的。"

卢梭离开日内瓦后，被一位天主教神父介绍给华伦夫人，这个二十九岁的贵妇人给了他庇护和关爱，安排他去修道院接受教育，还为他谋职。卢梭自称，他在华伦夫人那里度过了一生中最快乐的时光。卢梭称华伦夫人为妈妈，二十一岁时上了她的床，此后十分满足地与这个丰满的妈妈生活在一起，在不为夫人服务的时候，他就劲头十足地读书，进一步开发自己的音乐才华。卢梭甚至愿意和华伦夫人的老情人阿勒分享爱情，他们三人的关系维持了很长时间，后来随着阿勒的死亡而结束。卢梭失去了他最可靠的朋友，心里也感到极其悲伤。不过他还是心安理得地穿上了阿勒生前穿的那件黑色上衣，一个人享受华伦夫人的宠爱。她确实把他宠坏了，给他买新衣服，买好玩的东西，买表，买银柄佩剑，让他去学跳舞和击剑。但是他还是沉浸在一种忧郁的情绪中，他说："人们常说，宝剑终归要把剑鞘磨坏的。我的情况正是如此，我的情欲使我活，然而我的情欲也终将置我于死地。"他渴望爱情，但现在他还没有倾心的对象，对他来说，妈妈毕竟是妈妈，满足不了他的情欲。"我虽然有了一个温柔的妈妈，一个亲爱的女友，但我需要的乃是一个情人。我想象有一个女人来代替她，我用千百种方法创造这么一个情人来自己欺骗自己。当我抱着她的时候，一想到怀中抱的是我的妈妈，便不得不产生拘谨之心，欢愉之情锐减。尽管我为我得到了温柔而激动地哭泣，但我并没有享受到温柔乡的快乐。"然而，他和华伦夫人的关系并没有天长地久。1741 年，华伦夫人另结新欢，便找了个理由将卢梭支到外地，她身边的位置也在他外出期间被他人侵占。三十岁的卢梭最终决定到巴黎闯天下，这段长长的浪漫插曲便结束了。

1745 年，卢梭在巴黎遇见塞斯·勒瓦瑟尔，此后两人关系尽管时好时坏，但总还算长久。塞斯当时只有十八岁，在旅店、洗衣店干活，长相很一般，从遗留的画像上看可以说是丑陋无比，而且不识字，看不懂钟表上的时间，举止粗俗，愚蠢透顶。不过她在敲诈卢梭的时候绝对不傻，只要卢梭身上有钱，她就能哄到手，那是因为她母亲在一旁教唆。虽然她母亲和塞斯一样令人讨厌，但显然比女儿聪明些。她究竟有什么魅力把卢梭迷住呢？也许正是因为她没有任何魅力的事实激发了卢梭受虐狂的特性。虽然没有证据显示她虐待卢梭，但是她的卑微减轻了卢梭根深蒂固的自卑感。不管在外面发生什么，他总能在她面前显示出优越感。他的客人们也都觉得他总是把她当作女仆，一个被当众取笑的女仆。1767 年，他们终于结婚了，不过婚礼由卢梭自己主持，简直就是一场闹剧，因为在法国新教徒和天主教徒之间是不允许结婚的。他在宴会上高谈阔论，说客人们能结识他是多么幸运，然后就失声痛哭。可怜的塞斯，只准备了几分钟的婚礼就让她相信他们真的结婚了。他们一连生了五个孩子，卢梭都坚持抛弃不养。在后来的一封信中，他承认"生下五个孩子，都被送到弃婴堂，后来也根本没想到要认领，我甚至没有保存他们的出生日期和证明"。卢梭的行为遭到了人们的非议，伏尔泰指责他抛弃自己的五个孩子是在犯罪，因为把他们送到弃婴堂等于把他们丢进死亡的坑道。卢梭为自己的行为辩解说，他不能给予他们应该享受的父爱，送到别的地方去可能更好。但他拒绝有钱的崇拜者帮助他抚养孩子，他以真正偏执狂的语调说："我敢肯定他们长大后会成为憎恨父母，甚至背叛父母的人。"

什么是幸福？

有个年轻人因为找不到幸福而感到非常苦恼，他知道卢梭是一个非常有学问的人，于是决定向卢梭请教如何才能获得幸福。

"请问，幸福到底是什么？"这个年轻人问卢梭。

"幸福是一种持久运动着的状态，它永远不会固定在某一个地方。从自然界来看，不也是沧海桑田、瞬息万变吗？所以在大千世界中，不存在永恒的事物，我们的周围，每时每刻都在发生着变化，我们自己也在不断发生着变化。"卢梭回答说。

　　"那么你的意思是幸福是变化不定的？"这个年轻人反问卢梭。

　　"难道你能够断定你今天喜欢的东西，到了明天你仍然喜欢它吗？"卢梭反问。

　　"那倒不一定，有些东西我喜欢的时间长一些，而有些东西我喜欢的时间就会短一些。"这个年轻人根据自己的经验回答卢梭。

　　"可是你却会一直追求你喜欢的东西，是吗？"卢梭问。

　　"是的，只要看到我喜欢的东西，我都会想方设法占有它。"这个年轻人坦率地回答。

　　"所以，幸福也是一种无止境的追求。除非你想入非非，认为自己已经拥有了极致的幸福。生活需要的是一种知足者常乐的明智心态。因此，每个人都要善于从各种事物中得到一种心理上的满足，并且应该好好享受这种满足所带来的，哪怕是片刻的乐趣。但是你不要指望这片刻的乐趣永远驻在你的心间，因为这同样是不可能的。"

　　"但是短暂的幸福有什么追求的必要呢？"这个年轻人很不理解地问卢梭。

　　"真正的幸福的确是难得一见的，或许世界上根本没有获得真正幸福的人，可是能够感到'知足者常乐'的人却是随处可见的。"

卢梭把幸福和知足者的快乐这两个概念严格地加以区分。

"那么,你感受到过幸福吗?"年轻人想知道卢梭是如何感受幸福的。

"在我的所见所闻中,给我印象最深,也使我感到最愉快的,莫过于看到人们那种自然流露出来的满足之情了。这种感情是如此强烈地打动着我的心,就仿佛是我自己心灵驱使的必然结果。"卢梭仿佛沉浸在他原来感受到的幸福之中了。

"那么幸福和满足有没有区别呢?"

"幸福不同于满足,幸福是没有什么标签的。你要知道什么是幸福,首先就必须使自己进入幸福者的内心世界。而满足则能够在人们的举手投足、顾盼谈笑中表现出来,它可以溢于言表,让人深受感染,并不由自主地投入其中。"卢梭简要地回答了幸福和满足之间的区别。

"那么幸福到底是什么呢?"年轻人还是很迷惑。

"当你看到周围的人们满怀着愉悦的心情,纵情高歌,开怀大笑,把现实生活中所有的阴郁和不快都抛弃在脑后,带着一脸的喜悦之情的时候,你就会感受到生活是多么美好、甜蜜。"卢梭又重复了一遍他对幸福的理解和感受。

"真是不可思议,幸福难道只是'看'别人高兴吗?难道说,别人的幸福就是你的幸福,别人高兴你才高兴吗?"年轻人还是没有理解幸福。

"年轻人,你还是自己回去好好想想吧。"卢梭再也没有做出令这位年轻人满意的答复。

康德：没有生活、没有历史的哲学家

哲学的义务是，去除因误解而生的幻想。

——康德

康德（1724—1804），德国古典哲学创始人，出身于一个手工业家庭，一生从未离开过他的出生地。大学毕业后成为一名家庭教师，后返回学校任教。在大学里，他似乎什么课都能教，他讲授过形而上学、逻辑学、数学、力学、物理学、人类学、自然通史等课程。在康德看来，再没有任何事情会比一个人的行为要符合他人意志更可怕了。他的生活完全是一种学院式的刻板的生活，一生极其平稳，犹如一潭死水。海涅在评论康德的生活时说："康德的生活史是难以叙述的，因为他既没有生活，也没有历史。"

多情女子都爱哲学家

康德一生都没有结婚，但他并不仇视女人，相反他对女性的态度总是谄媚的。用他自己的话来说就是："当我需要女人的时候，我却无力供养她，而当我能够供养她的时候，她已经不能使我感到对她的需要了。"

康德的初恋是一位有夫之妇。当时他在凯瑟林伯爵家里做家庭教师，伯爵夫人年轻貌美，非常爱好哲学，为康德渊博而深邃的知识和见解所折服，康德也很倾慕伯爵夫人的美貌和多才多艺，和她很谈得来。虽然这种爱情是不会有结果的，但他们之间的美好情谊保持了二十多年。康德在一些著作中也经常提到她，今天我们看到的康德最早的一张画像，就出自这位夫人之手。

康德在大学任教后，有一次在沿着普里高丽河散步时，邂逅了一位年轻的姑娘。她身材娇小而丰满，有着淡褐色的头发、白皙的皮肤、流动的眼神，步态轻盈却不失端庄，举止温雅却又大方，透露出一种闲适而高雅的气质。她当时正陪着一位贵夫人在那里闲游。康德为她优雅的气质所打动，就主动走过去和她们攀谈。从言谈中得知这位姑娘来自外地，有着良好的家庭教养，而姑娘也知道了他就是大名鼎鼎的哲学家康德，并为他的绅士风度所吸引。两人一见钟情。随着交往的日益频繁，两人关系越来越密切，康德第一次萌发了娶妻成家的念头。但在细细盘算过自己的收入后，康德犹豫了，他还没有能力供养家庭。女方因为一直等不到康德的求婚，最后不得不回自己的故乡去了。康德第一次成家的愿望破灭了。后来，他又两次萌发了结婚的念头。他曾在朋友家里邂逅了一位年轻美貌而温顺的寡妇，朋友有意撮合他们，康德没有表示反对，心里却有些犹豫不决。结果另一个人捷足先登，与那位寡妇结婚了。还有一位名叫路易斯·列维卡·弗里茨的女人在老年时回忆说，康德曾经爱过她，可是她却嫁给了一个税务官。

几次不成功的恋爱并没有使康德沮丧，他很乐观，并且时常宣传独身的好处。在他年富力强的时候，他也为僧侣式的禁欲生活而感到苦恼，他说过，男人没有女人便不能享有生活的乐趣，女人没有男人则不能满足自己的需要。但是，到了晚年，他反而为自己的独身感到庆幸，因为他将毕生的精力都倾注于哲学研究上。

如太阳般精准的生活

康德严格按照道德准则安排自己的生活和思想，每天的生活起居都非常有规律，读书、散步、写作、上课、起床、喝咖啡等活动，都有一定的时间。他房间里的刀、剪刀都朝一个固定的方向摆放，椅子总是放在同样的位置。乘车外出散心时，如果超过了原定时间，他就会突然紧张起来，直到回到家才能平静。康德最怕噪声干扰，当邻居家一只公鸡不断啼鸣使他无法忍受时，他就想干脆从邻居手里买下那只鸡。邻居拒绝了他的要求，之后康德换了住所，搬到了监狱附近。

康德对于散步这种保健活动十分重视，他说："器官得不到锻炼，同器官过度紧张一样，都是极其有害的。"因此，不论是炎热的夏季还是寒冷的冬季，刮风还是下雨，他都准时出门散步。每当柯尼斯堡的人们看到康德在外面散步，那准是下午三点半。一年四季，三百六十五天，这位生活作风十分严谨的哲学家，每天都恪守着一个刻板的生活作息时间表。城市里那些小商小贩，只要看到林荫道上出现了康德那熟悉的灰色身影时，都会不约而同地立刻校对自己的手表。

康德晚年对咖啡情有独钟，甚至特别依恋。康德煮咖啡的时间是固定的，以至于他的邻居不用买表，只要看到康德在家里煮咖啡就知道现在是几点了。

然而，曾有三天，柯尼斯堡城里所有人的"时间表"都被搞乱了，原因是康德这几天的生活显然是毫无规律的，不但没有在林荫道上出现，而且也没有在厨房煮咖啡。

"是不是教授生病了？"人们相互关切地询问着。

可是三天之后，柯尼斯堡的人们所熟悉的"活时钟"又开始走动了，人们又像以往一样把康德每天的生活节奏作为时间最准确的参考。

人们问康德："教授，那几天您身体是不是不舒服啊？"

"不是，即使我身体不舒服，我也不会放弃每天的散步。因为那几天我正在看一本法国人卢梭写的名叫《爱弥儿》的书，这本书我读了好几遍。作者的笔调实在是太优美了，以至于使我忘记了散步的时间。过去我读休谟对因果概念的批判时，虽然感到震惊，把我从独断的睡梦中唤醒过来，但是却没有像这次这样痴迷。"

关于"二律背反"的打油诗

1781 年，康德的《纯粹理性批判》出版了，在该书中，康德提出了四个著名的"二律背反"的哲学原则。

第一个"二律背反"哲学原则是：

正题：世界在时间上有起点；就空间来说，也是有限的。

反题：世界在时间上没有起点；就空间来说，没有界限。从时间和空间这两个方面来说，它们都是无限的。

第二个"二律背反"的哲学原则是：

正题：每一个复合实体都是由单纯的部分构成的。

反题：每一个复合实体都不是由单纯的部分构成的。

第三个"二律背反"的哲学原则是：

正题：世界上各种事物的因果关系都依照自然律。

反题：世界上各种事物的因果关系有一类依照自然律，另外一类依照自由律。

第四个"二律背反"的哲学原则是：

正题：在世界因的系列里有某种必然的存在者。

反题：世界上不存在一个绝对必然的存在者，一切都是偶然的。

康德在课堂上讲他的"二律背反"时，把许多学生都搞糊涂了，他们在课后编了一首打油诗来讽刺他们的哲学教授。

我们的康德教授，

学问真是不浅，

他能把明白讲得糊涂，

也能使你无所适从。

时间既有起点，

怎么又变为没有起点？

空间既然有限，

怎么又会没有界限？

既然称为复合的实体，

当然应该由单纯的部分构成，

怎么又会不是由单纯的部分构成？

世界上各种事物，

应该有它的必然规律，

那就是依照自然律的因果关系，

怎么突然又跑出了另外的一类关系，

这难道就是完全无政府主义的自由？

我们既然承认有一个绝对的上帝存在，

怎么能够出尔反尔，

又轻易地取消上帝对人类的呵护？

呜呼！人不能两次涉入同一条河流之中，

在这个二律背反中，

我们究竟应该何去何从？

可是我们博学的教授，

对此也显露出无奈的眼神。

因为他摊开了双手对我们说：

"我其实什么也不知道！"

　　康德看了这首讽刺他的打油诗后，不无感叹地说："我们的这个世界本来就是这样矛盾的呀！"

黑格尔：黄昏的猫头鹰

太阳下面没有新事物。

——黑格尔

黑格尔（1770—1831），著名的哲学家，德国古典唯心主义哲学体系的集大成者，也代表了德国古典哲学达到的顶峰。黑格尔出身于德国斯图亚特城一个高级官员的家庭，在杜宾根大学的新教神学院学习，对哲学神秘主义表现出极大的兴趣。黑格尔一生著述颇丰，《精神现象学》《逻辑学》《法哲学原理》《哲学史讲演录》等都对后世产生了深远的影响。他建立起了令人叹为观止的客观唯心主义体系，主要讲述绝对精神自我发展的三个阶段：逻辑学、自然哲学、精神哲学。恩格斯评价说：黑格尔第一个正确地叙述了自由和必然之间的关系。

哲学的国王

黑格尔十八岁到杜宾根神学院主修哲学和古典文献，两年后获得哲学学士学位。在大学里，他结交了两个朋友：与席勒和歌德比肩的诗人荷尔德林、名扬天下的哲学家谢林。杜宾根大学是一座培养未来教师和牧师的古老学府，有着强烈的修道院色彩，不仅要求学生们一律穿黑色袍服，而且要求学生每天早起自修，连散步都有规定的时间和专门的规则约束。杜宾根大学也有体育活动——击剑和骑马，这是当时进入上流社会所必须具有的技能。但黑格尔不太参加这些活动。一些同学对黑格尔埋头苦读颇有看法，就私下里画了漫画嘲笑他，画中的黑格尔是一个驼背、挂着拐杖的小老头。于是，黑格尔"小老头"的外号就叫开了。大学毕业时，老师们给黑格尔的评语是：对神学朝三暮四，对哲学全力以赴；擅长神学和语言，哲学才能却有限。若干年后，如果他的老师们还在世，不知道他们会作何感想。大学毕业后，黑格尔没有做牧师，而是和康德一样做了家庭教师。在分到了遗产，不必再为生计奔波后，他便给谢林写信问道："什么地方既有好书看，又有好酒喝？"当时谢林已经是耶拿大学的教授了，他立刻回复："到耶拿来吧！"于是黑格尔就到了耶拿大学当编外讲师。

他的忘我状态常常成为人们谈论的焦点。有一次，黑格尔被安排在三点钟上课，但他记错了时间，两点钟就进了教室。教室里坐满了另一个班的学生，黑格尔并没有留意，走上讲台便开始讲课。当这个班的任课教授走到门口，听见黑格尔的声音时，他还以为自己迟到了一小时，于是便歉疚地离开了。

1816年，黑格尔到海德堡大学任教授，很快出版了《哲学全书纲要》，他的名声传到了教育大臣耳朵里。1818年，他被邀请到柏林大学主持哲学讲座，这个位子已经空缺了四年。至此，黑格尔成为无可争议的德国哲学界之王，到处都是虔诚的弟子和追随者，学生人数成倍增长。1829年，他成为校长。第二年，国王腓特烈三世授予他勋章。有人大发感慨："哲学从来没有吹过如此高亢的调子……"不幸的是，1831年，如日中天的黑格尔染上霍乱病逝，临终的遗言是："只有一个人理解了我，但他还没有理解我。"

家务与我无关

"家里着火了！家里着火了！"仆人一边大声喊叫，一边闯入黑格尔的书房。黑格尔此时正在书房里思考问题，仆人的大声呼叫打断了他的思考，因此，他不耐烦地对仆人说："难道你忘了我从来不过问家务事吗？家里的事你应该去告诉太太才是！"说完又埋头于他的哲学思考之中。

黑格尔的比喻

哲学是庙里的神

"庙"之所以是庙，是因为庙里有被人供奉的神。如果庙里无神，那就不能称其为"庙"了。黑格尔说，一个有文化的民族，如果没有哲学，就像一座庙，其他方面都装饰得富丽堂皇，却没有至圣的神那样。哲学像普照大地的阳光一样，照亮了人类的生活。如果失去哲学，人类的生活就会变得黯然失色。

哲学是厮杀的战场

从哲学史的角度看，哲学家们总是相互讨伐，后来的哲学家总是对前面的哲学家的理论进行颠覆，并在批判中提出自己的新理论，哲学就是在批判中前进的。所以，"全部的哲学史就成了一个战场，堆满死人的骨骼。它是一个死人的王国，这王国不仅充满了肉体死亡的个人，而且充满已推翻了的、精神上死亡了的体系。在这里面，每一个杀死了另一个，并且埋葬了另一个"。

哲学是密涅瓦的猫头鹰

密涅瓦是希腊神话中智慧女神雅典娜的另一个名字，栖落在她身边的猫头鹰是智慧、思想和理性的象征。在黑格尔看来，哲学就像密涅瓦的猫头鹰一样，它不是在旭日东升的时候在蓝天里翱翔，而是在薄暮降临时悄然起飞。哲学是对既往思想的反思，因此它总是来得很晚，并且哲学是深沉的，它自甘寂寞，悄然逼近智慧深处。

哲学是老人的格言

黑格尔认为，同一句格言，从一个饱经风霜的老人嘴里说出来，与从一个不谙世事的孩子嘴里说出来，含义完全不一样。"老人讲的那些宗教真理，虽然小孩子也会讲，可是对于老人来说，这些宗教真理包含了他全部生活的意义。即使小孩子也懂宗教的内容，可是对他来说，在这个宗教真理之外，还存在着全部的生活和整个世界。"哲学不是现成的知识，不是僵死的概念，不是刻板的教条，学习哲学不能短训，不能突击，不能速成。学习哲学是一个熏陶的过程，是需要不断反刍的终身事业。

学哲学不能像动物听音乐

哲学不是现成的知识，记住几个哲学概念，然后机械地套用，这样貌似很"哲学"，实际上始终是不知道哲学为何物的，永远不可能走进哲学的殿堂。"就像某些动物，它们听见了音乐中的一切音调，但这些音调的一致性与和谐性，却没有进入它们的脑袋。"不幸的是，当今社会上很多人对哲学的理解和运用，正是黑格尔挖苦的对象，不过是鹦鹉学舌，或者是小和尚念经——有口无心。

叔本华：世界是我的表象

要尊重每一个人，不论他是何等的卑微与可笑。要记住活在每个人身上的是和你相同的灵性。

——叔本华

叔本华（1788—1860），出生于普鲁士的但泽（今波兰格但斯克），父亲是商人，这为叔本华后来无忧无虑的哲学思考提供了物质基础。他的《作为意志和表象的世界》为后来的非理性主义奠定了基础。同时，他的悲观主义、形而上学、美学等影响了后世的弗洛伊德、尼采等人。

与黑格尔同时开课的失败者

1820 年叔本华决定在德国柏林大学开课，作为编外讲师，他必须吸引到足够多的学生来保证他课程的延续并收到足够的薪水。他选择了与黑格尔在同一时间开课，他的讲堂就设在黑格尔的对面。他下定决心要挑战黑格尔，因为那时他已经完成了他最重要的著作——《作为意志和表象的世界》。虽然那本书在出版之后只卖出了不到一百本，但作为生活意志的提倡者，叔本华始终坚持自己的意志。

当时的德国哲学界，黑格尔作为古典哲学的集大成者，拥有至高无上的声望。他的学说在德国被奉为无可动摇的理论，他在柏林大学开的课是最热门、最抢手的课，所有的人都以能听到黑格尔讲课为荣。可以说，叔本华做了一个很悲剧的决定。

当时的叔本华默默无闻，他的学说甚至还遭受了他母亲的嘲笑，她认为他写的都是废纸。

当然，叔本华也不是没有做过准备，他精心地写了很多张宣传单，上面写着：

"意志是世界的内在蕴含和根本的方面，意志就是冲动、本能、奋进和渴望。意志是初始的、先在的、自因的，意志没有终止的界限，没有最后的目的，意志就是无穷无尽的要求。

"世界是人的表象，世界是人的意志，世界和人是相互依存的，宇宙和我合而为一。

　　"人生是作为求生意志的一种肯定，因为人有自我意识，求生意志赋予人依靠自己的力量维持自己生命的使命，所以人类是求生意志最完善的客体化，是一切生物中需求最多的生物。

　　"意志在追求目的时受到的阻碍就是人生的痛苦和缺陷，而意志能够达到目的的状况，就是幸福或满足，因为人的追求是没有止境的，所以人生的痛苦是经常的，而幸福却是短暂的，人生的痛苦和缺陷才是人的本质。

　　"每个人都要为自己的生存而斗争，自私自利普遍是人们行为的标准。人类社会就是人与人相互竞争，彼此吞食，以使自己能苟延残喘的场所。憎恨、暴力、仇恨和罪恶充斥和横行于这个世界，个体的生存时时刻刻受到攻击和威胁，时时刻刻面临毁灭的危险，所以历史就是永无休止的一连串的谋杀、劫夺、阴谋和欺骗。

　　"性的关系是人的世界的世袭君主，是生存意志的核心，是一切欲望的焦点，因为性爱使人类绵延永续。

　　"性爱揭开了另一个人生的序幕，恋爱是求生意志的表现，是人生解脱的叛徒。

　　"死亡是对个体生命现象的否定，但它并不是对生命意志本身的否定。

　　…………

　　叔本华写的宣传单不可谓不深奥，他的哲学素养不可谓不高，他的哲学理论不可谓不精辟，但是他对意志的过分强调和他选择了与黑格尔同时的开课时间，使得他难以扭转当时的大势。于是在他的第一堂课上，他就只看到了四五个学生，这让叔本华大为失望。但是课还是要继续上的。

叔本华开始讲授他的思想。他的思想承袭于康德，中心是两个："现象"和"物自体"，这两者组成了世界。现象是表象，物自体是意志。到这里还是基本可以明白的，那些学生也还坐得住，但是接下来，叔本华的学说将让他们大吃一惊。

叔本华说："意志是这个世界的自因。它敌视所有的客观物质世界，本身是一种盲目的、不可遏制的冲动，它以无意识地求生存作为基本特点。人的意志在日常现实中是无法体现的，因此人生充满了痛苦，幸福是暂时的，唯有痛苦是永恒的。因为人们的生活意志，所以人们的欲求是无限的，在达到一个欲求之后，你会有短暂的满足和幸福感，但随即你就将陷入更大的痛苦和欲求当中。因为欲求的永无止境，所以人们永远不可能满足他们自身的要求，这样，得不到的痛苦、不能满足的痛苦就将贯穿人的一生。"叔本华语惊四座，那四五个学生两股战战，但是叔本华置之不理，继续他那"反人类本质"的学说。

"因此唯一的解决之道就是断绝'我执'，否定生活意志，才能进入无我之境，得到解脱。禁欲是不可能的，因为欲望是如此强大，以至于再坚强的人都只能免除自我的痛苦，而对整个世界无所帮助。要想免除根源的痛苦，就要彻底断绝生命之源。"

"那么人类就灭绝了。"有位学生忍不住惊呼。

"那才是最根本的脱离痛苦之道。"叔本华又一次语出惊人，那四五个学生终于承受不住了，他们离开了课堂，落荒而逃。叔本华自嘲地说道："原来我的哲学竟然是魔鬼。"

此后几个学期，叔本华开办的讲座无人问津，就算是他在时隔六年之后重新回到柏林大学开课，仍然没有人愿意选他的课。现实的挫折深深地打击了叔本华，于是叔本华在苦闷之余选择去法兰克福隐居，并开创了悲观主义哲学。

在法兰克福的隐居

与黑格尔的竞争使叔本华心灰意冷，他避居法兰克福，开始了单调的生活。他严格遵循着一定的生活规律，穿着旧式的燕尾服，脖子上仔细地打着个白色的领结，在规定的时间到最近的饭馆用餐，长时间地散步，一路上自言自语。有一只白色的狮子狗"阿特曼"（意为"世界之魂"）陪伴着他，因此邻居们都把它叫作小叔本华，而叔本华也反过来这样责骂自己的狗："嗨，你这个人。"

叔本华曾说："人在一生当中的前四十年，写的是文本；在往后的三十年，则不断地在文本中添加注释。"

叔本华的注释比他的文本写得好得多。在他的后三十年，因为黑格尔哲学的没落，叔本华成了著名的哲学家。世界各地的仰慕者纷纷向他致以最高的敬意。音乐家瓦格纳在1854年把歌剧《尼伯龙根的指环》献给了叔本华。在他七十岁生日的时候，海量的贺函像雪片般从世界各地向他飞来，他的生日过得空前风光。不过两年之后，叔本华就因为肺炎去世了。他曾援引了彼得拉克的一句话作为他一生的注脚：

"这一切终于都熬过来了，我生命的暮色成为我声望的朝霞。"

尼采：病态超人

当你凝视深渊时，深渊也在凝视着你。

——尼采

尼采（1844—1900），出生于莱比锡附近的洛克镇。父亲是路德教派的牧师，因此尼采接受了神学的教育，但后来在波恩大学期间，他失去了对基督教的信仰，开始了他的哲学道路。承袭自叔本华的悲观主义，在尼采的作品中，超人、上帝已死、主人和奴隶的道德、强力意志（亦译权力意志）是非常有名的。尼采的学说对后世的弗洛伊德精神分析、存在主义等产生了深刻的影响。在历代哲学家中，尼采是极富传奇色彩的一位哲学家。

哲学家等于疯子的来源

现在，当我们听到一个人研究哲学的时候，我们经常会善意地劝告："你可千万不要变成疯子啊。"事实上，历史上如此之多的哲学家，变成疯子的仅有一个，而恰恰这一个影响极为广大，他就是尼采。

尼采疯病的来源大概是没办法再知道了，因为尼采已经死去了。不过诸多的研究表明，尼采的疯病与哲学研究并无太大的关联。尼采主要是因为幼年时目睹其父的死亡，以及伴随他一生的体弱多病，最重要的是偏头痛这些病症，导致了他最后的疯狂。尼采一直认为，由于父亲在三十五岁那年去世，遗传了父亲偏头痛、近视、眩晕等病症的他肯定也会在三十五岁，也就是父亲死亡的那个年纪去世。由于父亲的过早死亡，尼采是和妹妹们一起由他的母亲和姑母等几位女性抚养长大的，因而尼采深受她们的影响，心理上带着一种"女人气"。小时候的尼采头颅硕大，身材瘦小，眼睛斜视却智力过人，性情上内向孤傲。由于一直和妹妹在一起，所以尼采没有和其他同龄人一起玩耍过，他怕他们，也不知道该怎么和他们说话。这些都为尼采后来孤独的流浪生活埋下了种子。但是不得不正视的是，在尼采的哲学中，他对意志力近乎偏执的要求也许也是因为这个因素。尼采认为，天才等于神经病，而强力意志所要求的恰恰就是一个超越常人的人。

那匹可怜的马

尼采发疯传说是因为一匹马。那时，尼采尽管身体衰弱，精神经常混乱，但还是能在清醒的时候走出书房去散步，放松心情。但是在 1889 年的某个傍晚，当尼采顺着与往常一样的道路散步时，悲剧发生了。

尼采看到一匹老马拉着沉重的车，在那里艰难地前进，而马的主人却残忍地挥着皮鞭，使劲地抽打着那匹马，尼采当即疯狂地跑上前抱住了那匹马，失声痛哭，并大叫道："我可怜的兄弟啊。"随后尼采就疯了。

这和尼采"主人和奴隶的道德"有关。在其中，尼采阐述了主人和奴隶道德之间的差别。主人道德是对于生命的颂扬，而奴隶道德则是对主人的愤恨。

在《论道德的谱系》中，尼采借第一篇专文将基督教的道德观追溯至那个被他称为"奴隶借由道德造反"的时期，他描述了社会底层的成员对于那些强大、富有而高贵的上层成员的"怨恨"。贵族成员们以"好和坏"作为价值的区分标准，认为他们在社会中所占的优势证明了他们自身的优越性，并且藐视那些底层的成员。而奴隶们则发现他们无法面对自己被强者征服的事实，于是构思出了一套"想象的复仇"，将那些强者描述为"恶"，并将他们自身描述为"善"，也因此建构出了基督教的道德观。透过这套道德观，无能而软弱的成员才有资格住在地球上。在第二篇专文中，尼采则描述了在这套道德观出现前的社会的景象（他将之称为"传统的道德"）：在那之前，以暴力伤害人的权力来自一个人的能力，就如同动物也有记忆和进行承诺的能力一般，违背承诺者遭受的惩罚就是被施加暴力伤害。也因此，依据尼采的说法，施加惩罚的传统并不是来自任何道德目标或理论。"坏的结果"也是在道德观浮现前的社会就已存在的概念。若是人不再自由地四处游荡和进行劫掠，他所带有的暴力的动物本性便会转而发泄至自己身上。在第三篇专文里，尼采则讨论到了基督教道德观里所呈现的"完美的禁欲者"的概念。尼采主张，隐藏在这个禁欲概念之后的只不过是一连串可笑而又没有根据的迷信，即使在现代社会，这些迷信仍然企图以新的、"秘密的"形式腐败人类。

上帝已死

这是尼采最著名的命题，也可以说是尼采为世人所熟知的一句话，甚至有人说这是尼采之所以发疯的原因。因为在说出上帝已死之后，尼采又说："我就是上帝。"上帝代表的是基督教的伦理要求，就像孔子代表儒家的伦理一样，当尼采说出上帝已死时，这样的命题直接引发了后世存在主义的中心论点：若没有上帝，那么就没有必然的价值或道德律。若没有必然的价值或道德律，那人类应该如何自处？当然，尼采说的"上帝已死"不是说上帝这个实质存在的物质实体死亡了，而是基督教的道德伦理在尼采的学说中被批判了。在《瞧，这个人》中，尼采揭露基督教的道德本质时记录下了明确的与众不同的言论。他说："对基督教的盲目崇拜是典型的罪恶——违背生命的罪恶。"最可怕的东西就是"好人的概念，因为它意味着一个人站在了所有的软弱、病态、衰落——自我忍受——的东西的一边"。

而对软弱、友善、美好等词的蔑视的来源则是尼采所一直强调并身体力行的超人和强力意志。他认为，欧洲人两千年的精神生活是以信仰上帝为核心的，人是上帝的创造物、附属物。人生的价值、人的一切都寄托于上帝。虽然自启蒙运动以来，上帝存在的基础已开始瓦解，但是由于没有新的信仰，人们还是信仰上帝，崇拜上帝。他借狂人之口说，自己是杀死上帝的凶手，指出上帝是该杀的。基督教伦理约束人的心灵，使人的本能受到压抑，要使人获得自由，必须先杀死上帝。尼采认为，基督教的衰落有其历史必然性，它从被压迫者的宗教，转化为统治者统治压迫者的宗教，它的衰落是历史的必然。在没有上帝的世界里，人们获得了空前的机会，必须建立新的价值观，以人的意志为中心的价值观。为此，要对传统道德价值进行清算，传统的道德观念是上帝的最后掩体，它深深地渗透于人们的日常生活之中，腐蚀人们的心灵。

超人和强力意志

尼采的身体一直是病恹恹的，并且他的生活也极端困苦、糟糕，这对任何一个人来说都是比较沉重的打击，很容易使人陷入消沉。

但尼采却一直要求自己要以无比坚强的意志来生活。与叔本华的悲观主义相比较，承袭于叔本华的尼采比叔本华本人积极很多。叔本华处于绝对的消极悲观主义，认为人类只有断绝生命之源才能从永恒的痛苦中解脱，尼采却奋发向上。他同样认为人类处于永恒的痛苦当中，但人类的目标是成为超人。超人，在尼采的书中被定义为拥有强力意志，可以完美地掌握自己命运的人。

在途经法兰克福时，他看到一队军容整齐的骑兵雄赳赳、气昂昂地穿城而过。突然间尼采的灵感如潮水般涌出："我第一次感到，至强至高的'生命意志'绝不表现在悲惨的生存斗争中，而是表现于一种'战斗意志'，一种'强力意志'，一种'超强力意志'！"尼采要建立新的哲学，将生命意志置于理性之上的哲学，非理性的哲学。作为对理性的挑战，他提出了强力意志说，用强力意志取代上帝的地位，传统形而上学的地位。强力意志说的核心是肯定生命，肯定人生。强力意志不是世俗的权势，它是一种本能的、自发的、非理性的力量。它决定生命的本质，决定人生的意义。尼采比较了强力意志和理性的不同特性，理性的特性是：冷静、精确、逻辑、生硬、节欲。强力意志的特性是：激情、欲望、狂放、活跃、争斗。尼采认为：强力意志源于生命，归于生命，它就是现实的人生。人生虽然短暂，但只要具有强力意志，创造意志，成为精神上的强者，就能实现自己的价值。强力意志作为最高的价值尺度，一方面肯定了人生的价值，另一方面也为人世间的不平等做了辩护。在尼采看来，人类与自然的生命一样，都有强弱之分，强者总是少数，弱者则是多数。历史与文化是少数强者创造的，他们理所当然地统治弱者。尼采推翻了神的等级制度，肯定了人的等级制度。

尼采还提出他的超人哲学，即关于建构理想人生的哲学。超人是人生理想的象征，是尼采追求的理想目标和人生境界。尼采对现代人、现代生活感到很失望，他梦想改善人，造就新的人，即超人。超人不是具体的人，而是一个虚幻的形象。超人具有大地、海洋、闪电那样的气势和风格。尼采认为：超人还没有现实地存在，它是未来人的理想形象；超人给现实的人生提出了价值目标；超人是人的自我超越。

尼采鼓吹人生的目的就是实现强力意志，扩张自我，成为驾驭一切的超人。超人是人的最高价值，应当藐视一切传统道德价值，为所欲为，通过奴役弱者、群氓来实现自我。同时，他特别反对男女平等、婚姻自由、女性解放，在他看来，人们对待妇女的方式就是"别忘了你的鞭子"。

尼采说："我的作品将在百年之后得到重视。"

"想到有朝一日，我会被最没资格的人尊崇、歪曲……我就感到恐惧。"

也许尼采在看到他那个具有反犹主义和法西斯思想的妹夫时已经有了预感，后来，尼采的哲学果真被他的妹妹伊丽莎白歪曲篡改，作为附和法西斯的言论，使尼采蒙受法西斯污名长达几十年之久。直到有学者将尼采的所有手稿从伊丽莎白手中抢走，进行了重新梳理，将被伊丽莎白篡改、删改和歪曲的文本都进行了重新的排版之后，尼采才得到平反。

罗素：唯一了解中国的外国人

知识的最大敌人不是无知，而是偏见。

——罗素

罗素（1872—1970），英国哲学家、数学家，出身于英国著名的辉格党家族。1887年进入剑桥大学三一学院学习，后转入哲学系学习。罗素一生勤奋，寿命又长，一次获诺贝尔文学奖，二次被捕入狱，三次离婚，四次结婚。他先后有四十多部著作问世，涉及学科领域包括哲学、数学、伦理学、社会学、历史学、教育学、宗教学等，对西方哲学产生了很大影响。诺贝尔奖委员会评价说，罗素是当代理性和人道最杰出的代言人。

打破砂锅问到底的小罗素

罗素十一岁时，哥哥弗兰克开始教他几何学。弗兰克首先在纸上写出了五个几何公理和点、直线、圆、面等定义，要求罗素记住。

"我为什么要记牢这些东西啊？"罗素用稚嫩的声音问哥哥。

"因为它们都是一些不证自明的公理。"弗兰克回答道。

"为什么它们就可以不证自明呢？"罗素问。

"因为这些东西根本不需要证明。"弗兰克说。

"为什么这些东西根本不需要证明呢？"罗素又问。

"因为这些东西是显而易见的。"弗兰克说。

"难道显而易见的东西就不需要证明吗？"罗素不解地问。

"当然。"弗兰克一面说，一面就在纸上画了两个点，然后他接着说，"你看，在这两个点之间，如果用一条直线把它们连接起来的话，只能画出一条直线。这难道还需要证明吗？你自己画一画就知道了。"弗兰克把笔递给了罗素，让他自己在纸上画一画。

可是罗素没有从哥哥手中接过笔，他还是不明白为什么这些公理不需要证明。"我认为，这些东西，不加证明就要我毫不怀疑地接受，这是没有道理的。"

"实际上，这些东西是不能证明的。"哥哥见罗素那么倔强，有点儿不高兴，因此，他就说这些公理是根本不能证明的，想要以此来堵住罗素那张爱发问的嘴。

　　"不能证明？为什么不能证明啊？"

　　"不能证明就是不能证明，这还有什么道理啊？你如果还要纠缠这些违反常识的问题，那我就不教你了！"弗兰克显然生气了。

　　看到哥哥生气了，罗素为了尊重哥哥，也没有再说什么，可他还是认为："任何命题都需要最后的证明，不管是几何学的命题，还是其他数学分支的命题，都是需要证明的。"

　　后来，罗素在已经成形的集合论中发现了一个悖论，世称"罗素悖论"，它引起了所谓的"第三次数学危机"。罗素悖论的通俗版本叫"理发师悖论"。

　　萨维尔村理发师挂出了一块招牌："村里所有不自己理发的男人都由我给他们理发，我也只给这些人理发。"于是有人问他："您的头发由谁理呢？"理发师无言以对。

师门传奇

　　俗话说，名师出高徒，西方哲学史曾经出现过苏格拉底、柏拉图、亚里士多德这样传奇式的名师与高徒，而罗素师门恰好是他们的翻版，罗素有一位名师——怀特海，还有一位高徒——维特根斯坦。

罗素活到九十多岁时，还拥有清楚的头脑和不灭的热情。有个故事说，罗素在八十多岁时，说他九十多岁的老师怀特海"真是老糊涂了"，而怀特海则说罗素"还是不成熟"。怀特海是个天才，非常年轻时就成了剑桥的教授。由于他是天才，所以很快就看出罗素也是个天才，当罗素来上课时，怀特海对罗素说："你不用学了，你都会了。"正因为罗素是天才，所以他很快就看出了维特根斯坦也是天才。维特根斯坦曾经向罗素询问自己有没有才华："如果我是天才，我就研究哲学；如果我是蠢蛋，我就去开飞艇。"罗素后来对他说："忘记飞艇吧，你是个天才。"有趣的是，他们三个其实往往分不清谁是老师，谁是学生。怀特海看到罗素《数学原理》的书稿，觉得有道理，就参加进来。而罗素则承认维特根斯坦对他的逻辑原子主义的形成有过深远的影响。

中国之行

1920 年，已经享誉世界的罗素应"中国讲学会"的邀请，来中国讲学一年。中国的学者们希望罗素能够给中国学术界带来些新鲜生气。除了讲学之外，罗素到过很多地方，写了大量的文章，并在美国很有影响的报纸上发表专栏。

在罗素的眼里，中华民族是一个拥有艺术气质的民族，他总是用敬佩的口吻谈中国的传统文化。孙中山先生说，罗素是唯一了解中国的外国人。罗素凭借学者的良知写道："中国人到西方寻求知识，希望知识能够为他们提供获得智慧的途径。而白种人带着三种动机到中国去：打仗、赚钱、教中国人改信上帝。"回国后，他说："当我前往中国时，我是去教书的，但我认为我在中国逗留的每一天，我要交给中国人的东西甚少，而需要向他们学习的东西甚多。"

在中国期间，罗素曾大病一场。病后，他拒绝任何采访，一家对此很不满意的日本报纸就谎称罗素已经去世。虽经多方交涉，这家报社仍不愿收回报道。罗素取道日本回国时，这家报社又设法采访他，作为报复，罗素让秘书给每个记者分发印好的字条："由于罗素先生已死，他无法接受采访。"

我为什么而活着？

三种简单然而极其强烈的激情支配着我的一生。那就是对于爱情的渴望、对于知识的追求以及对于人类苦难的无比同情。这些激情犹如狂风，把我带到绝望边缘深深的苦海，东抛西掷，使我的生活没有定向。我追求爱情，首先因为它叫我销魂。爱情使人销魂的魅力使我常常乐意为了几小时这样的快乐而牺牲生活中的其他一切。我追求爱情，又因为它能减轻我的孤独感——一个颤抖的灵魂望着世界边缘之外冰冷而无生命的无底深渊时所感到的那种可怕的孤独。我追求爱情，还因为爱的结合使我在一种神秘的缩影中提前看到了圣者和诗人曾经想象过的天堂。这就是我所追求的，尽管人的生活似乎还不配享有它，但它毕竟是我终于找到的东西。

我以同样的热情追求知识，我想理解人类的心灵，我想了解星辰为何灿烂，我还试图弄懂毕达哥拉斯学说的力量，是这种力量使我在无常之上高踞主宰地位。我在这方面略有成就，但不多。

　　爱情和知识只要存在，总是向上导往天堂。但是，怜悯又总是把我带回人间。痛苦的呼喊在我心中反响回荡，孩子们受饥荒煎熬，无辜者被压迫者折磨，孤弱无助的老人在自己的儿子眼中变成可恶的累赘，以及世上触目皆是的孤独、贫困和痛苦——这些都是对人类应该过的生活的嘲弄。我渴望能减少罪恶，可我做不到，于是我感到痛苦。

　　这就是我的一生。我觉得这一生是值得活的，如果真有可能再给我一次机会，我将欣然再重活一次。

——罗素

　　罗素的一生正是对这三种感情的诠释。他和怀特海合著的《数学原理》使他赢得了在世界同行中的声誉，这部著作把数学逻辑引入语言，帮助确立了分析哲学的基石，而分析哲学后来成为二十世纪英语国家的主导性哲学。但是在完成《数学原理》后，罗素感到才思枯竭，尽管当时他只有四十岁。这时候维特根斯坦对其思想的批评破坏了罗素的智慧自信。第一次世界大战期间的反战活动让他丧失了在剑桥大学三一学院研究院做研究的资格，并因此被关进了监狱。后来，罗素又经历了婚变的痛苦、孩子的烦恼以及无休止的经济问题，导致他在其余生中几乎再没有真正搞过哲学，虽然他一直活到九十八岁。在北美的演讲旅行中，一群聪明的女大学生围着他询问为什么放弃了正式的哲学研究，他著名的回答是："因为我发现我更喜欢性交。"但是，为了支付不断飞来的账单，他大量写作，一生中每天平均写两千字。这让他的一些作品难免有些肤浅。不过，他的很多主张在当时还是非常激进的，比如关于性、婚姻、离婚、教育、国际政治和裁军等方面。这些观点并不是罗素独创的，但由他提出后，说服力、感染力就变得特别强，成为弥漫西方思想中的自由主义潜意识，普遍地为人们所接受。因而，罗素对自己一生结了四次婚，有无数的情人，一点儿都不觉得不好意思。1961 年，年近九十岁的罗素因参与倡导核裁军的抗议活动，又一次被关进监狱。这种英雄行为让他成为和平的天使、明智和理性的灯塔。

萨特：他人即地狱

我们痛苦，因为我们自由。

——萨特

萨特（1905—1980），法国哲学家、作家、评论家，存在主义的代表人物。十九岁入巴黎高等师范学校攻读哲学博士，后任中学哲学教师。1933年赴柏林学习。第二次世界大战爆发后被征入伍。1940年被德军俘虏，次年获释，后参加法国地下抵抗运动。战后，他进行了一系列的社会活动，成为二十世纪最富影响力的思想家之一。

拒绝诺贝尔奖的文人

　　萨特幼年丧父，他的外祖父是位语言教师，在萨特的教育上花费了很多精力，其不俗的文学品位深深地影响了萨特。萨特年轻时就立下志愿，要同时成为"斯宾诺莎"和"司汤达"。斯宾诺莎是位伟大的哲学家，司汤达则是伟大的文学家，这也就是说，他要同时作为一流的思想家和一流的作家为人们所记住。而这居然成了现实。

　　中学毕业后，萨特考入巴黎高等师范学校（简称"巴黎高师"）就读哲学专业。这所大学每年只招两百余名学生，可以说是专门"制造"知识精英的地方。从巴黎高师毕业后，萨特成为一所中学的哲学教员。萨特与其他教员不同，他虽长相不佳，但谈吐幽默，为人亲切，能与学生们打成一片，因此很快就赢得了学生们的信任和喜爱。

　　尽管萨特的外祖父早就警告过他写作是一个非常不可靠的职业，但萨特还是由衷地热爱写作，并在离开大学后急欲成为一名作家。他的前两本小说《挫败》和《真理的传说》均被拒绝出版，萨特的兴趣便又转向了哲学。他勤奋地工作着，常常是上午读胡塞尔的哲学著作，晚上着手写小说。

　　1936 年，他将一部名为《忧郁症》的哲理小说交给了著名出版商伽利玛，但这本书再次被拒绝出版。自信的萨特震怒了。万幸的是，在两个朋友的引见下，萨特见到了伽利玛，后者表示他唯一反对的是书名，并建议将书名改为《恶心》。1938 年，《恶心》出版了，它被认为是萨特所有小说中哲学内涵最为丰富的一本。

虽然萨特仍在一所中学教书，但他的作品越来越多，并广为流传，他已被公认为法国文学界的新星，这终于成就了他成为一名作家的梦想。萨特一生还写了许多剧本，其中《苍蝇》是"二战"期间通过古代神话传说来表达抵抗情绪的剧目，而他撰写并参与演出的《死无葬身之地》更是风靡一时。

最让萨特名声大噪的是他拒领诺贝尔文学奖一事。1964 年，萨特凭自传体小说《词语》获得诺贝尔文学奖。提前获知此消息的萨特，立刻给诺贝尔奖的授予者——瑞典皇家学院写了一封信，说明自己的态度，希望对方取消这项决定，否则他会拒绝领奖。但瑞典皇家学院还是继续宣布萨特获得了这项文学的至高荣誉。获奖当天，萨特在餐馆拟写了一份拒授声明，由他的朋友在瑞典驻法国使馆宣读。他说他一贯拒绝官方的荣誉，但他并不讳言，在东西方两大阵营中，他更同情社会主义阵营，他认为诺贝尔文学奖存在着明显的政治倾向性。

由于拒绝了诺贝尔奖，萨特又一次引起了极大的社会轰动，大批的记者蜂拥而至。为了躲避这些人，萨特躲到了他的情人波伏瓦的住处。不久，他接到母亲的电话，她看到一大群记者围在波伏瓦家门前。过了一会儿，门铃开始被按响，铃声一直响到凌晨两点。最后，萨特只得走了出来，让记者拍了些照片，并简单地说了几句话。第二天早上，萨特一出门，一大群记者又围了上来，并且一直跟到萨特的住处。就在闭门时，萨特回过头来说了一句："我不希望自己被埋葬！"

咖啡馆里的哲学家

萨特的天赋不仅体现在他的文学造诣上，他在哲学上的敏感同样令人惊叹。早在他还读高中的时候，一天，萨特走进一家电影院，一切都十分平常。但当他走出电影院的时候，看着街上人来人往，突然闪出了哲思的灵感。这一瞬间，他发现了人生的偶然性，这一发现构成了他一生重要的哲学主题。萨特兴奋地找来了一个笔记本，把这个思想记在了笔记本上。在他看来，偶然性是人生活的最根本状态，每一个人都是无缘无故被抛到这个世界上的，他在生活中的种种遭遇都是偶然的，这一点构成了萨特哲学的一个理解背景。

在巴黎高师就读期间，萨特阅读了尼采、马克思、弗洛伊德等诸多大师的著作，也做了不少哲学的研究，但他的兴趣始终没有真正放到哲学上去。

萨特真正开始具有他个人特色的哲学研究始于 1933 年，那时萨特二十八岁。一天，研究存在主义现象学的哲学家雷蒙·阿隆对萨特说："小兄弟，如果你是一个现象学家的话，就可以对一杯鸡尾酒大做文章，从中弄出一些哲学来。"萨特闻言十分激动，因为"依据自己对事物的接触与感觉来认识事物并从中弄出哲学来"正是萨特梦寐以求的事，他决定步阿隆的后尘，赴柏林专攻存在主义，从此真正开辟自己的哲学之路。此后，他就每天坐在咖啡馆里，时而和他人进行学术讨论，时而专心进行自己的写作，他的许多文学和哲学著作就是在这里写出来的。虽然咖啡馆人声嘈杂，对于许多人来说是一个不方便进行思考的地方，但是萨特却始终喜欢在这里工作。而在浪漫的法国人看来，萨特与他的朋友们在咖啡馆抽着烟斗讨论问题的场景，简直就是巴黎最好的文化象征。

咖啡馆里的萨特保持着自己的个性，即便是每天面对着公众的关注，萨特依旧不做过多的打扮，也不耍任何名人派头。据说，有一次萨特在咖啡馆里待了整整一天后正准备离开，一个男顾客一直盯着他看，在确认是自己所崇拜的偶像后，他失望地对妻子说："你瞧，萨特居然也擤鼻涕！"

"二战"爆发后，萨特应征入伍，但在三十五岁生日的那天早上，他被德国士兵俘虏了。被关押期间，他便开始了构思与写作。在这期间，德国人允许战俘看的哲学书仅有海德格尔的《存在与时间》，这本书也就成了他仅有的参考书。九个月后，他获得了释放，回到被纳粹占领的巴黎，并完成了他最重要的一部哲学著作《存在与虚无》。在这部书中，萨特阐述了"人的存在是自由的"这一命题。无限的自由、无限的责任和虚假信念的徒劳是萨特后期著作最为重要的三个论点。他的另一部著作《辩证理性批判》则以人学辩证法为结构框架，以历史学、政治学、人类学、社会学和心理学等方面的内容构筑出一门新的学科——人学，在西方思想史上具有划时代的意义。

在写作《存在与虚无》的时候，由于巴黎处于纳粹占领之下，条件极其艰苦，萨特经常填不饱肚子。1942 年夏天时，萨特有一次连续几天没有吃饭。他到了一位朋友家，洗完澡后就冲向了餐厅，但只喝了几勺汤就昏了过去。他在床上躺着，其间吃了点儿送来的汤和水果，然后倒头又睡，三天后才完全醒过来。当时巴黎电力供应不足，萨特的房间一到冬天就冷得没法住，只好每天到一家叫"弗洛"的咖啡馆去，他的整个写作都是在那里完成的。萨特烟瘾还很大，不抽烟几乎没法思考。但当时巴黎香烟奇缺，萨特只好每天跑到咖啡馆门口的路旁捡烟头，再把包烟头的纸撕开，从中抖出剩下的一点点烟丝倒进烟斗里抽。就在这么艰苦的环境下，萨特还是坚持把这部伟大的学术著作完成了。

在欧洲，萨特的影响可以说是上至教授学者，下至普通百姓。1945 年 10 月 28 日，萨特在现代俱乐部做了著名的"存在主义是一种人道主义"的演讲，听众汹涌而至，会场挤得满满的，许多人无法入场。于是发生猛烈拥挤，有好几名妇女被挤倒在地。

萨特的哲学著作虽然充满了术语，但他的思想可以变成价值观应用于日常生活，应用到每一个普通人身上。而且他的哲学思想广泛地蕴含在他的小说、戏剧以及传记作品中，这使得他的学说更加深入人心，也为他赢得了能够和柏拉图、亚里士多德等大师比肩的地位。

风流的思想家

萨特是一个写作非常勤奋的人，他从来不放松自己，工作时总是坐在硬椅子上，从不坐有扶手的安乐椅，也从不躺着看书。为了提高写作速度，他还大量服用兴奋剂。但他并不是一个书呆子，他的工作速度惊人，总能找出时间旅行或度假，享受喝咖啡的乐趣，并不停地演绎风流韵事。

萨特身材矮小，四岁时的感冒使他右眼几近失明，肌肉的协调能力也丧失了，后来他的脸上长了许多麻子，萨特把自己描绘成"癞蛤蟆"。他有意识地锻炼肌肉，学习拳击，培养富有魅力的人格。由于拥有一副好嗓音、不俗的谈吐以及丰富的学识和幽默感，他总能博取漂亮女人的青睐。让萨特更加出名的，是他和另一位存在主义哲学家波伏瓦的关系。

1929 年，波伏瓦和萨特同时参加法国哲学教师资格考试，口试成绩萨特第一名，波伏瓦第二名。这次考试首次将他们的名字联系在一起，从此以后，他们的名字再也没有被世人分开谈论过。波伏瓦和萨特是一对没有婚姻的终身伴侣，他们是契约式婚姻的实践者。

1929 年，波伏瓦二十一岁，萨特二十四岁。某个午后，他们一起看完电影，萨特对波伏瓦说道："我们签个为期两年的协议吧。"契约式婚姻宣告诞生。萨特解释说，两人不必结婚，但又是亲密的生活伴侣，真诚相爱的同时，各自保持着爱情的独立自由。不久，他们又达成了另一个协议："双方不应互相欺骗，而且不应互相隐瞒。"即是说，他们彼此的"偶然爱情"都应该毫无保留地告知对方，双方都有爱其他异性的权利。这两个协议，他们竟然执行了一辈子。

萨特不赞成结婚，主张两性关系的多伴侣化，反对婚姻的静止性，多方接纳来自异性的诱惑。他希望与波伏瓦共同建立一种自由、平等、相互信任、相互给予的超越传统的爱情关系。萨特曾经跟波伏瓦说过："我们之间的爱，是一种真正的爱。但是，如果我们能同时体验一下其他意外的风流韵事，那也是件乐事。"波伏瓦说道："我们两人的观点一致。"波伏瓦还说过："我们毫不怀疑地根据自己的意志行事，自由是我们唯一遵循的原则。"

波伏瓦和萨特一直租住在巴黎的旅店里，但并不同房居住，一个住楼下，一个住楼上。生活也是有分有合，既有在一起的时间，更有属于自己的空间，但就是没有长期同居过。而且，他们一生都是这样度过的。他们后来各自买了房子，更是各住一处，只不过相距很近。他们的爱情关系处理得很好，五十年的相处只有一次在不和中分手过。

1980 年 4 月 15 日，萨特逝世。1986 年 4 月 14 日，波伏瓦逝世。两人的遗体同葬在蒙帕纳斯公墓。在萨特和波伏瓦开启协议契约式婚姻七十年后的 1999 年，法国通过了一项"亚婚姻"立法：男女只需正式办理契约合同而不用办理结婚手续，即可以成为契约式生活伴侣。据说，今天法国已有数万对这样的亚婚姻生活伴侣。这种介于婚姻与同居间的新型爱情关系，真可谓是萨特和波伏瓦当年契约式爱情的回声。

不安分的政治活动家

　　萨特年轻时并不关心政治，这在具有优良政治参与传统的法国知识分子中较为少见。当时法国的知识分子多数都有明确的政治倾向，左翼大多都参加社会党或共产党，右翼则多有宗教信仰。

　　萨特没有明确的政治信仰和党派倾向，也不根据政治态度来交朋友。但不经意间，他交的朋友几乎全是左翼的知识分子。

　　第二次世界大战打响之后，萨特被征入伍。战场上的见闻和被俘后的经历使萨特开始反思自己之前的政治态度。回到巴黎后，萨特组织了一个"社会主义与自由"的抵抗小组，进行反法西斯宣传。后来他又参加法国共产党的抵抗组织，为反法西斯斗争做了不少贡献。

　　战后，萨特开始积极地参与社会政治活动，他提出作家应当通过作品介入政治。他的口号是"我们必须为我们的时代而写作"。萨特站在左派的立场上，发表文章批评当局，为殖民地人民的民族解放运动和发达国家人民争取自由的斗争呐喊助威。他还前往苏联、古巴和中国参观，对新兴的社会主义制度提出了宝贵的建议。

　　后来，萨特的祖国——法国发动了对阿尔及利亚的殖民战争。萨特勇敢地站出来反对自己的祖国，他参与签名支持《关于在阿尔及利亚战争中有权不服从命令的宣言》，还在自己主编的杂志上发表反战文章。这些行为招来了当局的严重不满，法国政府禁止萨特在电视或者广播中做节目，还没收了好几期他主编的杂志。更为恐怖的是，法国右翼还组织了五千名退伍老兵在香榭丽舍大街游行示威，高喊："杀死萨特！"当时许多法国人在狭隘的民族主义情绪驱动下，也视萨特为叛国者。他去饭馆时，不少顾客对他表示敌意。一些极端的右翼分子还在萨特家进行爆炸活动，所幸没有造成人员伤亡。萨特并没有被这些威胁吓倒，他持之以恒地为阿尔及利亚的独立而斗争，直至这一天最终到来。

此外，萨特还参与了对越南战争的批判、反对苏联侵略捷克斯洛伐克等诸多政治活动。直至去世之前，萨特都保持着自己对于政治积极干预的态度，为世界和平、民主的真正实现而斗争。

萨特死后，法国总统希望为他举行国葬，但遭到了波伏瓦和其他朋友的拒绝，因为他们认为这违反了萨特生前的遗愿。1980年4月19日，萨特葬礼举行，法国民众自发为萨特送葬，人数达五万之多，多数是年轻人，形成了一个浩浩荡荡的人的海洋。送葬过程中，人们情绪激昂，但秩序井然。萨特让自己的去世变成了最后一次辉煌的政治活动。

存在先于本质

存在先于本质，这一著名的命题被萨特看作存在主义的第一原理。这个命题实际上即是说人的本质是自由的。以往的思想家总是想当然地为人规定出本质，譬如：人是理性的动物，人是受欲望支配的动物，人是机器，等等。但在萨特看来，这些都只是对人某一方面特性的概括，人可以是理性的，也可以是非理性的，人可以是受欲望驱动的，也可以严格控制自己的欲望。世间形形色色的人有成千上万的区别，怎么可能用一个简单的定义将人的本质概括出来呢？萨特认为，人首先是一个单纯的自由的人，人的本质、人的其余的一切无不是后来人自己选择出来的。而其他事物则不一样，以剪刀为例，在剪刀被生产出来之前，它已经就被赋予了剪裁的目的和功能，因此剪裁是剪刀的本质。但人不一样，一个人成为商人、政治家、体育明星这种种可能都是由他后天的选择决定的。因此人的本质是人选择出来的，是人活出来的，自然是后于人的存在了。

正因为如此，萨特特别强调人的自由。他说："如果你意识到自己是自由的，那上帝就什么都不是了。"他认为人总是自由的，因为人总是在做出选择，人生不断地给予每一个人选择的机会，即便你不选择也是一种选择。"二战"期间，有一位青年给萨特写信，国难在即，但家中的老母亲又孤寡一人，他不知道是该上战场去为国效力还是该留在家中照顾母亲。萨特给了他一个在常人看来算不上回答的回答，他说："你是自由的，因此，自己去做出选择，也就是去创造自己吧。"因为在他看来，不论是英勇地抵抗德国人的游击队员还是为了保全自己和家人而不去抵抗的普通人，他们无不在自己进行着选择，没有，也不应当有一个普遍的道德标准来限制人，一切都由自己决定。但自由并不意味着任性，萨特认为，虽然人是绝对自由的，但是人也必须对自己的行为绝对地负责。而且正是因为你的选择是自由的，你才需要对自己的行为负责。一个奴隶是不需要为自己的任何行为负责的，因为他没有自由。对于那个青年来说，如果他选择了上战场，他能成为一个英雄，但也面临着死亡的危险。如果他选择了留在家里，他能照顾母亲，却有可能被人责骂是懦夫。因此，自由并不能给人带来快乐。由于我们始终要承担一切后果，自由也就变成人生痛苦的源泉了。

福柯：追求欲望的后现代大师

只要男人和男人的婚姻不被承认，就谈不上什么文明。

——福柯

福柯（1926—1984），法国后现代主义大师。他自称是"思想系统的历史学家"，对文学评论及其理论、哲学、批评理论、历史学、科学史（尤其医学史）、批评教育学和知识社会学的建设和发展有很大影响。

不一样的知识分子

1984 年 6 月 25 日中午，一个惊人的消息如闪电般传遍巴黎知识界。电台和电视台宣布："福柯去世了。"当时福柯还不满五十八岁。

福柯去世的当天晚上，他的姐姐弗兰仙和德菲尔（福柯的男性伴侣）到医院办理手续时，看到病历上的死亡原因一栏里写着艾滋病。

福柯死于艾滋病的传闻不胫而走，四下流传。他的一些追随者试图保护他。《解放报》头版以整版篇幅发表了福柯的照片和悼念福柯的文章，其中一段文字反驳传言道："福柯尸骨未寒，谣言就蜂拥而起。福柯被说成死于艾滋病。似乎一个知识分子，因为是同性恋者，尽管极其谨慎，但也必然是这种时髦疾病的侵害对象……似乎福柯死得不体面。"可惜，所谓的谣言恰恰是事实，而掩盖和辟谣恰恰反映了当时人们对艾滋病的恐惧和对福柯的爱戴。

在世人眼里，哲学家应当是充满智慧、风度翩翩，在课堂上高谈阔论的知识分子形象。但与众多衣着得体的学者型哲学家相比，米歇尔·福柯绝对是个"怪胎"。他剃着光头，穿衣随便，在公共场合还时常做出一些异于常人的举止。福柯不满足于过常人的生活，他有一句名言："人死了。"这可以说是继尼采的狂言"上帝死了"之后又一惊世骇俗的语录。福柯认为，当我们去探寻人的本质时，往往会忽略许多丰富多彩的可能性。而人应该是自由的，是复杂多元的，因此不应当给人做出一个本质规定，摆出架子来教育人应该怎么活。福柯的一生，就是在生活方式上的努力尝试与探寻。他不相信人有一个应该怎么活的要求，每个人应该过自己想过的生活，他拒绝社会与他人对自己的要求。

在生活上，福柯十分放纵。他早年就开始吸毒，曾患有很深的毒瘾。他曾在自己家的阳台上种过大麻，还去参加瘾君子的聚会。他曾描述吸毒后的快感："我能想到的唯一可以和这种体验相比的就是和陌生人性交。"在巴黎高师读书期间，福柯还患有抑郁症，曾经两次试图自杀。第一次试图用刮胡刀割开自己的胸膛，第二次试图通过吃安眠药自杀。1978 年的一天，福柯吸毒后穿过自己公寓前的街道，已经陷入迷幻状态的他根本看不清路，被一辆路过的小汽车撞到，差点死去。但他并没有因此而改过，他甚至怀念那个时刻。

同时，这位法国最高学术殿堂——法兰西学院的院士，是一个同性恋，还是个性虐待爱好者。他常年流连于旧金山的性虐待场所。据说他对性虐待的爱好极其强烈，以至于一位曾十分喜爱他的男士因为无法忍受而离去。福柯有一位相交达半生之久的伴侣丹尼尔·德菲尔，他们关系密切，互相热爱对方。但他们又并不要求性的专一，福柯从来都是拥有众多的性伙伴的。虽然，最终由于同性恋和性滥交，他失去了生命，但他并不后悔。在他得知自己的病症之后，他依然对自己的朋友说："另外，还有比为那些可爱的男孩献身更美好的事情吗？"

话语就是权力

当然，福柯绝非是一个只知道放纵自己，整日沉浸在声色犬马中的花花公子，他积极地参加社会活动。早在二十世纪六十年代，他就参加了法国的学生运动，请愿、游行、示威，有时还会被警察打。二十世纪七十年代的福柯则运用自己的声望支持旨在改善犯人人权状况的运动，并亲自发起"监狱情报组"以收集整理监狱日常运作的详细信息，他在维护移民和难民权益的请愿书上签名，与萨特一起出席声援监狱暴动犯人的抗议游行，冒着危险前往西班牙抗议独裁者佛朗哥对政治犯的死刑判决……

所有这一切都促使他深入思考权力的深层结构及由此而来的监禁、惩戒过程的运作问题，这些思考构成了他在学术上探索的主题。福柯的研究涉及面非常之广，其中最为重要的主题当属话语与权力的关系，即权力话语理论。话语，就是我们日常使用的语言，说出来或者写出来的都是话语。在福柯看来，我们的说话并不寻常，权力与之息息相关。他仔细考察了知识的起源、发展和结构。他把自己的工作称为知识考古学，他试图找出话语是如何通过权力成为知识，并且发挥其社会作用的。这一理论简单来说就类似于我们所说的话语权，在福柯看来，在一个社会或者一个学科里，谁能说话、说什么样的话实际上代表着权力的关系，而话语通过知识的形式冒充为真理，可以执行某种社会功能。福柯谈到过对疯狂态度的变化。据他考证，在一千五百年之前，"疯狂"被视为褒义词，人们通常认为这种人是极具眼光的。但后来疯狂却被视为需要社会治理和约束的疾病。在这一过程中，最大的变化并不是疯狂本身的变化，而是社会权力变化带来的对于疯狂的不同理解。

福柯的理论向我们表明绝对的真理并不存在，一切知识都应当在具体的历史环境下加以理解；同时也向我们表明，语言并不是那么纯净，在我们使用语言的时候，我们始终处在某种权力关系之下。就像福柯自己说的那样："你以为你在说话，实际上是话在说你。"